El Tepegüiste y otros cuentos latinos.

Colección de Cuentos Nicaragüenses 2.

Héctor R. Guillén N.

i

Agradecimientos a:

Mara García, mi esposa y compañera de viajes y aventuras, mi ayuda idónea.

Camilo Quiñones, muy agradecido por su ayuda y en deuda.

A todos los colaboradores de esta obra.

Y de la manera que está establecido para los hombres que mueran una sola vez, y después de esto el juicio, así también Cristo fue ofrecido una sola vez para llevar los pecados de muchos; y la segunda vez, sin pecado, aparecerá para salvar a los que le esperan.

Hebreos 9:27-28

Índice.

Héctor Guillen N.

El Tepegüiste

En esa época, el tiempo del que estamos hablando, el Tepegüiste era un pequeño caserío en medio de la montaña, muy cerca de un pueblo que hoy se llama Las Maderas, hacia el noroeste. Para esos días no había más que caminos carreteros, muchas veces solitarios y llenos de misterios e historias que mantenían a las personas en sus pueblos. En este lugar todo se miraba verde y lleno de vida, pero en realidad era un pueblo triste, silencioso, como alguien que escucha a escondidas, esperando a que algo suceda. Para Georgina, dentro de sus pensamientos, el pueblo se sentía seco, abandonado, como un muerto que espera ser enterrado. Ella no se alegraba con nada, ni con el canto de los pájaros, ni con el ambiente del rio que vibraba, lleno de vida.

Las personas que llegaban desde Tipitapa, una de las ciudades en desarrollo más importantes de la zona, ubicada al sur de este pueblo, lo primero que miraban era a la izquierda, en dirección a una colina estrecha y a unos 2 kilómetros de distancia, donde estaba la finca Tepegüiste, el pueblo tomó su nombre de la finca. Pero ahora parecía como abandonada como en un letargo profundo; debajo de la colina y a lo largo de todo el frente, se podía observar una fila de árboles de este a oeste, por donde pasaba el rio.

Cuatro kilómetros, hacia el este, había otra colina más alta y alargada, orientada de sur a norte, a la orilla del camino real, allí empezaban las casas del Tepegüiste, donde lo más notorio era la ubicación del pueblo, entre el camino real, el cerco de piedras de la hacienda y el rio. Unos dos kilómetros hacia el norte, siempre teniendo a la derecha el camino real terminaba el pueblo, por allí pasaba el rio, luego estaba el cementerio. Se podían observar casas dispersas más adelante, hacia el norte. Donde las sombras de la tarde y la noche daban al lugar un aspecto de soledad de abandono casi romántico, si no fuera por la pobreza evidente del lugar.

Después del rio, en una hondonada, a la derecha del camino real, estaba el cementerio, del que solo se miraban algunas cruces. Del centro del pueblo hacia la derecha, es decir hacia el este una plaza que también se iba inclinando hasta llegar otra vez al rio. Este es el rio Pacora, que en realidad bordeaba toda la colina donde se asentaba el Tepegüiste. Esta plaza siempre estaba abandonada, pero se llenaba de chinamos durante las cuatro fiestas que se celebraban en el año. Esos días convertían el ambiente del pueblo en algo muy diferente de lo que era el resto del año. Y luego cuando los chavalos del pueblo conocieron el juego de beisbol, entonces todas las tardes había chavalos jugando.

Siempre frente a la plaza, pero en el lado este, y mirando al oeste, había otro grupo de casitas, que tenían al rio en la parte de atrás, estaba el barrio San Crescencio, por lo que la plaza del pueblo estaba rodeada de casas, pero aquí la característica era que ya no solo había una fila de casas, aquí estaba organizado en tres filas de pequeñas casitas de madera rústica, hasta terminar a la orilla del rio, solo eran quince casas de familias que habían llegado en los últimos años de existencia del pueblo. Este barrio, para efectos internos tenía nombre propio, pero para el resto del mundo, era también el Tepegüiste.

Los días cuando iniciaban las lluvias, generalmente los primeros días de Mayo y frecuentemente después de una fuerte temporada seca, donde la única fuente de agua era el rio; desde lejos llegaba al pueblo un fuerte olor a tierra mojada, con una fuerte fragancia sabor esperanza que causaba cierto estado de ánimo diferente en las personas. En ocasiones en el barrio San Crescencio tostaban y molían café o encendían los hornos para hacer pan, polvorones, rosquillas o cualquier tipo de horneada y el olor alborotaba el resto del pueblo, que se apresuraba a buscar donde guardaban dinero para ir o mandar a comprar, pero también a fiar.

Algunas casas del Tepegüiste eran más grandes y cómodas que otras, la gran mayoría, tenían solo dos habitaciones, una servía de dormitorio de la familia y la otra era la cocina, comedor y sala. La cocina normalmente consistía en una caja hecha de tablas o varas de madera, rellenado de tierra y para fogón tres o cuatro piedras grandes para colocar sartenes, pailas o cualquier cosa que la gente tenía para cocinar. La caja en ocasiones era hecha con un par de troncos cortados en tablones que se colocaban amarrados, porque casi no existían los clavos o al menos eran muy difíciles de conseguir o muy costosos, además. Luego había una pequeña mesa de comedor, donde normalmente comían los hombres de la casa en primer lugar, porque eran ellos los que salían a trabajar, después los chavalos y las demás personas que se quedaban en casa.

En una de estas casas grandes y alargadas, era en la que se instalaba la iglesia. Por ser una casa grande y con lo mínimo necesario para el propósito de reunir personas, dar clases de catequesis, bautizar, charlas a las parejas que deseaban formar un hogar, casarse y oficiar misas. Eran múltiples los servicios que se podían dar en estas casas, porque, además, se utilizaba el patio, cubierto de grandes y frondosos árboles que daban sombra, donde se reunían algunos jóvenes para recibir charlas o pasar el tiempo conversando con el cura, cuando este era joven y lleno de energía.

La familia dueña de esta casa, al inicio se refugiaba al fondo de la propiedad, donde había una pequeña cocina cuatro paredes, sin ventanas, una sola puerta al frente y junto a ella una pequeña casita que servía de granero. Para los días que llagaba el cura, en esta pequeña casita se refugiaban los dueños, pero después la terminaron de donar a la iglesia. Le pusieron una cruz en la pared externa frontal que sobrepasaba la altura del techo, después de donarla, pasaba casi todo el año cerrado.

El pueblo era silencioso, como cuando alguien escucha con atención, no era que las personas de este lugar fuesen chismosas, era como si los oídos de la consciencia alerta, cuidando al pueblo de los pecados de la carne. Pero esto era diferente cuando había fiestas patronales. En el rio, que en este lugar cambiaba el nombre a rio Tepegüiste era muy diferente, a lo largo de todo este hermoso cuerpo de agua, siempre había bulla, una gran algarabía y gritos de los niños, esto generaba un tremendo alboroto que se escuchaba a lo lejos, tan lejos que en algunas partes parecían ruidos producidos por los cerros. Los chavalos y mucha gente del pueblo pasaban allí casi todo el día.

Mientras unos se divertían, otros trabajaban, las mujeres lavaban ropa, las ollas de la casa, se bañaban y algunos hombres pescaban o recogían piedras para hacer cercos, lavar a las bestias de carga, preparaban la tierra para sembrar en las orillas donde era posible hacerlo o aprovechar la forma del suelo para hacer zanjas y usar el agua para riego, porque la mayor parte de la tierra de la zona era pura piedras. Estas pequeñas áreas para sembrar desaparecían durante las crecidas del rio, pero lo buena era que aparecían otros lugares que se prestaban para sembrar a la orilla del rio.

A esta algarabía del rio, llegaban a asomarse, atraídas por las risas y gritos de los niños y chavalos del pueblo, muchas loras, chocoyos y otras aves, que acudían sigilosamente a ver lo que pasaba, tanta conmoción en este lugar, al parecer les despertaba curiosidad. Llegaban en silencio y después de un tiempo de ver lo que sucedía, salían disparadas en un gran alboroto, similar al de las personas que estaban en el rio. La actividad aquí, empezaba desde las cinco de la mañana y terminaba a eso de las tres de la tarde, con una pausa el medio día.

Para algunas personas, como Georgina y su madrina inclusive, el ambiente del pueblo, siempre era como un llanto sin terminar, algo muy triste, un sollozo perpetuo que les oprimía el pecho, y le invadía el cuerpo cada vez que se acordaban de la Nandita, su mamá. Ese era el sabor de los suspiros de esta muchacha cada vez que pasaba por su mente un pequeño recuerdo. Algunos años después, esas mismas sensaciones traían a esta joven mujer, recuerdos de su infancia y de su juventud, incluso aquel día, cuando Georgina caminó hacia su libertad, su independencia, cuando apenas cumplía catorce años o quizás dieciséis, no se sabe cuántos.

En esos días, casi no existían carros, ni buses, ni bicicletas y si existían, no pasaban por estos lugares, solo los caballos, burros y carretas tiradas por bueyes, era la forma de transportarse, en esa época, Georgina salió a pie, caminó por casi dos días, hasta llegar a Tipitapa, buscando una vida propia, una que nunca había conocido, ni tenido la oportunidad de vivir. Con muchos miedos, pero decidida a vivir, a ser ella misma, sin muchas pretensiones.

Las distancias a pie eran enormes, porque los caminos daban muchas vueltas, eran solitarios, polvorientos y llenos de peligros, pero en temporada de lluvia, lodosos y pesados eran peores. El Tepegüiste estaba conformado por un caserío, una fila de casitas, alrededor de una pequeña plaza, pero para los lugareños era enorme. Se convertía en rodeo para montar toros, durante las fiestas patronales, hacer procesiones cuando llegaba el cura al pueblo o para hacer alguna festividad, celebrar al santo patrono del caserío, La Virgen de la Merced.

En el Tepegüiste vivían alrededor de 12 familias que al pasar el tiempo se fueron combinando hasta hacer que los apellidos García, Reyes, Méndez, Navarrete, Zapata, López, Rojas entre los más abundantes, llegasen a ser parientes entre sí. Todos, de alguna u otra manera eran familia. Había otros apellidos que se fueron perdiendo como Pacheco, Meléndez, Sánchez de los que solo sobrevivían algunos viejitos que habían tenido hijos y se marcharon del pueblo, buscando una mejor vida en otras ciudades, incluso algunos se fueron a otros países y nunca más volvieron al Tepegüiste.

Algunas casas tenían paredes hechas de varillas de madera, unidas con varas horizontales amarradas con cáscaras de cornizuelo u otro tipo de planta. El cornizuelo es una mata que crece abundantemente en toda la zona y es el lugar preferido de una especie de hormigas muy bravas, de esta mata, además, de ser muy buena para el fuego, se sacan unas cascaras fuertes para hacer el amarre de todas las varillas horizontales y perpendiculares de las modestas casas. Luego esas paredes eran cubiertas con una mezcla de barro y estiércol de vaca, esta pasta apropiadamente hidratada, era para cubrir los espacios entre las varas y cubrir del frio o refrescar del calor dentro de la casa en cualquiera de las épocas del año.

La vida en el Tepegüiste era relativamente tranquila, pero alegre solo cuando llegaba el cura a dar misa, en esos días había cosas fuera de la rutina en el pueblo, se celebraban misas, procesiones, casamientos, bautizos, primeras comuniones, fiestas patronales, reuniones de jóvenes para aprender juegos, deportes y en ocasiones hasta oficios. Para estos días algunas personas que vivían en otros lugares y llegaban a visitar a sus familiares que aún vivían allí, por lo general viejitos que nunca quisieron irse del pueblo donde habían nacido, que no quisieron ir a sufrir o dar lástima a otra parte.

El río, era otro lugar donde llegaba la gente de este caserío, por el agua y todo aquello que representaba asearse, pescar, pasarla bien o trabajar. La gente, en este lugar era alegre, expresaba su contentamiento, los chavalos jugaban, reían y aprendían a nadar, a pescar, a relacionarse con jóvenes de la misma edad. Las jóvenes mujeres, llegaban al rio a lavar a tomar un baño, a buscar agua para tener en la casa en tinajas de barro, o lavar el maíz cocido con cenizas para ablandarlo y luego molerlo en una piedra de moler o metate.

El rio era como otra dimensión, donde el agua fresca que corría constantemente, las risas y gritos de los niños jugando, los cantos de los pájaros que explotaban repentinamente dando gritos y volando alocadamente en enormes parvadas, era la evidencia de estar en medio de otro ambiente, muy diferente al pueblo. En el rio como que se olvidaban las penas y temores que se vivían en el pueblo, los afanes de buscar el pan de cada día, el futuro de los hijos, el miedo a lo desconocido, en el rio parecía que siempre estaba Jesús siendo bautizado.

El Tepegüiste era como un pueblo aislado, lejano, lo atravesaban o pasaban cerca varios caminos, los ríos, en esos días, los montes eran imponentes, parecía que los árboles se tragaban a la gente, solo había caminos carreteros y en ocasiones eran intransitables, había pegaderos por todos lados y en la época de lluvia los ríos no permitían el paso, porque eran caudalosos y profundos. El bosque prácticamente se tragaba todo, había fieras que mantenían con miedo a la gente, el ganado vacuno era amenazado por estas fieras que en ocasiones diezmaban el hato ganadero.

Cuando la época de lluvias era buena, la comida abundaba, a nadie le faltaba una tortilla, algo que comer, pero cuando las lluvias no llegaban bien, la gente padecía, escaseaba el maíz, los frijoles y muchas cosas más. Los que habían guardado algún grano, podían intercambiar con otras personas algunas cosas que necesitaban, había cierta solidaridad en el pueblo, pero cada quien se aguantaba su pobreza o buscaba como esconderla.

En la época de sequía los cerros se ponían secos, con un color ocre pálido, las piedras mostraban sus cuerpos y el pasto para el ganado había que buscarlo cerca de los ríos, donde casi nunca se secaba, había mucho monte, pero solo a la orilla del rio. Los árboles cercanos al río se respetaban, había un respeto casi religioso por estos árboles del rio, que era el centro de la vida del pueblo, allí jugaban los niños, lavaban la ropa las mujeres, pescaban los hombres y de allí también, en pozos hechos casi con las manos sacaban el agua que tomaban y usaban para cocinar.

La casona donde vivían Georgina, su madrina y el hermano mayor de ella, el papa Fernando con su mujer y un pequeño hijo varón, era como un solo galerón con una única puerta de entrada, luego a la derecha estaba la cocina que consistía en un enorme tumulto de piedras metidas en una caja de tablones rústicos en forma rectangular donde había un fogón alargado, aquí alcanzaban hasta 3 pailas y un comal, el fogón estaba encima de una base de arcilla y cenizas con piedras alargadas puestas en paralelo, a los lados, en los extremos derecho e izquierdo, se podían introducir grandes trozos de leña, que pasaban encendidos todo el día y la noche.

Al lado del fogón había un tablón de madera donde se palmeaban las tortillas, se cortaba la carne cuando había, se cortaban las especias usadas para cocinar y se colocaban las tortillas ya listas para comer, sobre el fogón a una altura de un par de metros o menos había una especie de canastilla de fibras de plantas o de ramas, donde se humeaban las cuajadas y se guardaban algunas comidas y golosinas, en las paredes había también muchos tipos de ramas con ganchos para poner las jícaras, que eran los vasos usados en esa época.

A la entrada de la casona, había un enorme tronco de madera, colocado a todo lo largo de la entrada, sin puertas, pero solo daba acceso a la cocina, porque a los cuartos había una única puerta luego tres dormitorios más, uno de ellos solo con divisiones, sin puertas, el último de estos aposentos tenía su puerta muy bien elaborada, que parecía fuera de lugar, era el único cuarto realmente privado. Era el dormitorio de la madrina, una niña vieja como le decían a las solteronas. Estas eran mujeres que después de ver la vida o con miedo de las cosas que sucedía a las mujeres de esa época, decidían mejor quedarse solas. Algunas eran amargadas y estrictas, otras eran estrictas pero dulces y amorosas

Por la madrugada, en la casa de la madrina, el corral era el centro de las actividades, eran momentos efervescentes, llenos de gritos y regaños de los mozos, dirigiéndose a los animales, indicaban el trato personal que se establecía entre mozos y animales, las llamaban por sus nombres y nombretes. Y hasta las regañaban como si fueran personas tercas. En ocasiones se escuchaba el golpe del mecate rompiendo el sonido, para llamar la atención de alguna de las vacas que eran ordeñadas en el corral.

Luego, antes de que saliera el sol, y después del ordeño bullicioso, las conducían al campo, a los lugares donde pastaban, casi siempre cerca del rio, allí tenía comida y agua, además estaban a distancias donde podían llegar a ellas rápidamente. En el corral, los sonidos eran de toda clase, los gallos cantaban, las gallinas llamaban a sus pollos, las vacas mugían de forma prolongada, llamando a sus becerros o quizás saludando el día, los cerdos chillaban en sus trifulcas por la comida o hacían ruido al comer y hasta los caballos se unían al concierto con relinchos estruendosos.

A las vacas se las dejaba en el campo hasta por la tarde, luego las agrupaban y las volvían a llevar al corral, muy cerca de la casona, donde podía dárseles el cuido apropiado contra las fieras del monte, que en ocasiones de sequía se acercaba de forma temeraria a cazar algún becerro descuidado. En la época de siembra el trabajo era duro y se hacía en paralelo con las actividades del ganado, para esto se buscaban ayudantes o peones a los que les pagaban por el día de trabajo, que comenzaba a las cinco de la mañana y terminaba a las dos de la tarde.

En el pueblo, el más famoso y único prostíbulo era el "Serrucho", que estaba a la entrada, bastante alejado, se expandía en dirección sur-norte, era una casa que con el tiempo fue añadiendo cuartos a la casa existente. La entrada a este lugar siempre estaba muy bien iluminada, para que nadie se perdiera buscándolo. En ocasiones, llegaban a amenizar grupos musicales para alegrar el ambiente, aquí se vendía el mejor guaro lija de la zona. Era tan fuerte que hasta servía para cauterizar heridas. Por eso los hombres decían que la mejor medicina para curar las enfermedades del alma lo vendían en este lugar.

Y en medio del pueblo había una casa que funcionaba como una iglesia a la que asistían solo los viejos, cuando el cura el cura era viejo. Los jóvenes, solo llegaban cuando había alguna misa o procesión o alguna reunión para planificar actividades del pueblo ya que ellos iban por las muchachas que llegaban a eso. Cuando llegaba un cura joven, lleno de energía e ideas para enseñar a los jóvenes a divertirse sanamente, acudían a la iglesia muchachos de todas las edades, este cura siempre se esmeraba por organizar actividades para que los jóvenes del Tepegüiste llegaran a la iglesia, la pasaran bien y se enamoraran e involucraran en los negocios de Dios.

Para esos días de fiesta, todos vestían con sus mejores galas y aprovechaban para piropear o tirarles piedritas a las muchachas de sus sueños y tormentos del corazón, llamar su atención, porque ellas se portaban muy enfocadas en la misa o en los rezos de la iglesia; una muchacha decente, con dignidad y respeto por sí misma no andaba viendo a nadie que la llamara o le tirara piedritas, ella, así como todos, se portaba muy circunspecta, digna y más aún si ella no conocía a quien buscaba llamar su atención, aunque en ese pequeño pueblo todo el mundo se conocía.

Las direcciones que utilizaban eran de donde la Tere Rojas dos casas a la derecha, o de donde Concho Zapata 3 casas para abajo, o detrás de donde don Carmito Reyes y así por el estilo. El asunto de las muchachas era hacerse las merecidas, ya que, si una muchacha se respetaba a sí misma, no tenía que estar viendo a ningún hombre que la llamara o dijera algo, aunque fuera bonito. De ninguna manera, lo primero era la dignidad y darse su lugar.

El cementerio estaba en el extremo norte y a la derecha del pueblo, después de bajar el rio. Podía verse a lo lejos, como un lugar con cuatro cruces, que con el paso del tiempo y sin el mantenimiento periódico necesario, comenzaban a caer y podrirse. En las pocas veces que llegó Georgina a ver el lugar donde habían enterrado a su mamá, aprovechaba a reparar algunas cosas del tumulto de tierra, medio esparcida de la tumba, porque algunos animales llegaban a pastar de vez en cuando. Ella aprovechaba a sembrar algunas plantas florales, juntar más tierra y regar con el agua del rio, mientras le contaba a su mamá todas sus penas y preocupaciones. Después de horas de hacer aquello, salir rumbo a la casa de la madrina, con lágrimas en los ojos.

Cuando Georgina empezó a llegar, más de diez años después, desde que se había ido del Tepegüiste, buscando su propia vida, ya el montoncito de tierra que era el lugar donde estaban los restos de su madre, ya casi había desaparecido, ya no había ni cruces, al parecer alguien las había necesitado para leña y se desapareció toda huella de que allí había estado alguna vez el cuerpo sin vida de la mamá de esta mujer, el cementerio, aún se sigue utilizando.

Ahora el cementerio era como un pequeño potrero, descuidado, abandonado a su suerte, se sabía que eso era, gracias a que aún estaban de pie algunas cruces. Al parecer la gente que se moría, también la llevaban a enterrar a otra parte o las olvidaban. Porque hasta para eso se estaba haciendo un pueblo solitario, abandonado. El rio siempre conservaba ese ambiente mágico donde los más pequeños e incluso los grandes seguían siendo felices, aunque muchos años después, llevaban camiones a lavar, ya no eran caballos, pero hasta eso también estaba cambiando.

La construcción de la carretera Panamericana, había movilizado a miles de campesinos de diferentes zonas por donde pasaba, muchas cosas estaban matando la característica mágica del Tepegüiste, un pueblecito en medio del monte. Ahora por el lugar pasaban centenares de vehículos motorizados, de todo tipo, ya muy poca gente se bañaba en el rio, que ahora lucia seco en la época seca, salvo por algunas pozas de agua que antiguamente eran enorme cuerpos de agua que de tan profundas tenían un color azul.

A las casas, el agua para consumo, ahora llegaba por tubos hasta la cocina y el baño de cada hogar, pero no para todos, solo para aquellas familias que podían pagar el servicio suministrado desde un pozo ubicado en una colina del pueblo. Quizás, en algún momento será un pueblo fantasma, en medio de la montaña, visitado solo por recuerdos de Georgina o de los Reyes, Méndez o los nietos de los antiguos pobladores.

Este rio comenzó a secarse desde el día cuando apareció el cuerpo de un muchacho muerto. No se sabía a ciencia cierta, pero por el color de su piel y la apariencia de su cuerpo, se había muerto por ahogamiento, no se sabe en qué parte del rio. Su aparición se dio un medio día, cuando lo vieron los niños que jugueteaban en la poza conocida como Lagarta, no estaba inflado, por eso las autoridades del pueblo creyeron se trataba de una fatalidad reciente. Luego del alboroto de su aparición flotando en medio de la poza, unos hombres del pueblo lo sacaron y lo pusieron a la orilla del rio, esperando a las autoridades de Tipitapa.

Nadie lo conocía al muchacho que lucía delgado pero fuerte, de manos callosas, delgadas y grandes, pelo lacio y abundante, largo, pero bien cortado, peinado para atrás, sin zapatos, un pantalón sucio, color negro, una cotona blanca, pero curtida, muy vieja. de ojos negros y grandes, bordeados con pestañas grandes y crespas, se miraba que el muchacho era un campesino simpático, muy varonil y al parecer trabajador del campo. No tenía ninguna herida, ni golpes en el cuerpo, los labios tenían un color morado, que con seguridad era por el tiempo de haber estado dentro del agua. Se mandó a preguntar a las personas de los alrededores, rio arriba, pero nadie lo conocía.

Estuvo 3 días expuesto en el patio de una casa cercana al rio, a la espera de las autoridades de Tipitapa, de paso, para que alguien llegara a reconocerlo. Luego de 3 días de estar en esa situación, algunas personas se preocuparon por el olor de la descomposición del cuerpo, pero ni oliendo de cerca se sentía nada más que olor a humedad. El joven al parecer de unos 23 años, no se descomponía, lo habían tocado y aún su piel estaba suave, por eso parecía una muerte reciente, pero pasados aquellos 3 días de espera por alguna autoridad, el cuerpo aquel no mostraba signos de descomposición.

Por la tarde, del tercer día se apareció un guardia del comando de Tipitapa con un señor de mediana edad, trabajador de la alcaldía, preguntaron por el nombre de aquel muerto, pero nadie lo conocía, no se sabía nada del muerto, preguntaron sobre quien lo había encontrado, donde y todo tipo de preguntas, de las cuales solo algunas tuvieron alguna respuesta, luego preguntaron sobre cuando lo encontraron y al conocer el tiempo que había pasado, se sorprendieron por el estado de conservación.

Después de muchas preguntas y visitas al lugar donde había aparecido el cuerpo, indicaron que lo enterraran, tomaron algunas notas para hacer el informe a sus jefes y se fueron ese mismo día. Algunas personas piadosas hicieron la sugerencia de hacerle un rosario, para que su alma no anduviera en pena y para solicitar la misericordia de Dios por el alma de aquel desconocido y la mayoría estuvo de acuerdo, como no sabían que nombre tenía aquel difunto, alguien sugirió que lo llamaran Rafael, como el ángel de Dios, desde ese día, lo llamaron con ese nombre.

Nunca nadie llegó a reclamar o preguntar por aquel desconocido, luego del rosario y la vela que hicieron ese día, lo enterraron en el cementerio del Tepegüiste, sobre su tumba sembraron unas plantas de narcisos blancos que siempre estaban florecidos, la gente decía que era por el agua tragada por el muerto cuando se murió, y muchas otras historias extrañas, como la historia de algunas viejitas que vivían cerca de la posa Lagarta. Ellas decían haber visto por las tardes a un muchacho muy parecido a Rafael, caminando por las orillas de la poza, Hasta decían que vestía con los mismos colores de ropa.

Otras personas pasaban días y noches para ver si se les aparecía aquel sujeto, algunos hasta llegaban a pescar por las noches para ver si podían encontrarse con el aparecido, pero ninguna de esas actividades pudo corroborar la historia de aquellas ancianas. Después de eso, las temporadas de lluvias fueron malas, pasaron varios años y el rio comenzó a secarse, las hermosas pozas de agua color azul se fueron convirtiendo en pequeños charcos de agua, que junto con el uso que las personas les daba se fueron transformando en lugares sucios y contaminados.

Tanto el rio, como el pueblo, fueron apagándose en el tiempo, ahora solo existe la hacienda Tepegüiste, que mira desde lo alto de la colina como desaparecen las casas de un pueblo que fue muy bullicioso. El rio ahora pasaba por una situación lamentable, ya no se escuchaba aquel bullicio que alborotaba a las aves de la zona, una que otra casa en ruinas se mostraba como espectro de lo que había sido este pueblo donde muchas historias se dieron.

Héctor Guillen N.

El vendedor de productos milagrosos

Los artículos que esta empresa ofrecía a sus consumidores, eran simplemente asombrosos, había productos para cada asunto del hogar, ropa, limpieza, cocina, la salud, aseo personal y belleza. Eran una maravilla, aunque sus precios también eran asombrosos, eran 2 o 3 veces el precio de uno equivalente de los existentes en el supermercado o los establecimientos del barrio. Pero definitivamente, los productos de esta empresa eran superiores en calidad y desempeño.

Por esta razón decidí ser un distribuidor de estos artículos. Pero nunca había conocido de beneficios como los que estos artículos comunes y corrientes de uso diario con las calidades y desempeño de estos, tenían un excelente rendimiento y su costo beneficio era superior a muchas marcas de las que se ofrecían en el mercado, además, podía ganarme un buen porcentaje de comisión por ventas, eran biodegradables, amigables con el ambiente algo inaudito para esos días.

Durante mis primeras visitas a este pueblo fronterizo con Nicaragua, establecí contacto con un hombre de mediana edad, muy atento a mis explicaciones, por lo que, con este señor llamado Edwin, habíamos planeado una visita mía, para dentro de 15 días en su casa. En esa ocasión le dije de forma vehemente, que para mí salir de mi casa y llegar a este pueblo de Danlí cercano a la frontera con Honduras, era un acto muy difícil. Porque venir desde Managua, Nicaragua hasta aquí, tenía un costo grande, por eso, si él decía que me compraría el purificador de agua ese día, yo haría todo lo posible por cumplirle. Edwin sonriendo me dijo:

- ¡Que dramático es usted don Reynaldo! Claro que lo voy a esperar ese día y se lo voy a comprar el filtro, de todos modos, nos hace falta en la casa. Además, no tengo planeado nada para ese día y voy a tener un dinero que quiero ocuparlo para eso. –

- Ok, le dije entonces: El próximo día 23 de Junio, por la mañana, estaré aquí con su filtro. Nos vemos ese día. Saludos y bendiciones. Nos vemos. Aquella tarde, salí rumbo a la frontera, con muchas ilusiones buscando llegar a Managua por la tarde, por fin, esta ciudad de Danlí estaba cediendo, ya habíamos invertido más de dos meses buscando como desarrollar una cartera de clientes aquí, que hiciera rentable los viajes desde Managua hasta esta ciudad fronteriza, al norte de Nicaragua, mi esposa y yo disfrutábamos viajar, pero había que hacerlo rentable.

No era la primera vez que conversaba con este posible cliente, pero teniendo al menos un par de estos, los viajes semanales proveerían la justificación sicológica necesaria y suficiente para hacer este negocio. Ya habíamos venido a estas ciudades fronterizas por mucho tiempo y dinero, tratando de vender artículos de primera necesidad. No sabíamos por qué, nosotros no podíamos vender ningún artículo importante, porque nuestra línea de productos, además, de ser de excelente calidad, eran relativamente accesibles en cuanto a precio.

El día acordado, me levante a las 3 de la mañana. Sali de mi casa hacia la terminal de buses del norte "Cootran" de dónde salían las unidades de transporte, cuyo destino final era la frontera de las Manos, de allí, a las 8 am, que llegaba a esta frontera, tomaba un bus que me llevaba, después de un poco más de media hora, por las condiciones de la carretera, hasta la casa de este cliente, ubicada en la ciudad de Danlí, Honduras, a las 9:40 am.

Normalmente, este señor era un hombre que cumplía su palabra, según otros vendedores que lo conocían, así que todo el viaje estuve lleno de un sentimiento de confianza. Antes de llegar a la casa de don Edwin, visité a tres personas pendientes de mostrarle los beneficios del filtro, mostrarle el que llevaba para don Edwin, además de otros productos y para seguir tratando de enamorarlos de los artículos del hogar, inicialmente les mostraba mi catálogo, por razones de la incomodidad de cargar demasiadas cosas y por no llamar la atención en la frontera.

Llegué donde ellos sin prisa y pasé mucho tiempo en las demostraciones y hablándoles se los beneficios y ahorros que harían comprando el filtro y otros productos, me hicieron muchas peguntas sobre estos artículos de consumo diario y estaba tan entusiasmado que cuando me di cuenta del tiempo, ya eran más de las tres de la tarde, pero no importaba, la cita con Edwin era para las 3pm.

En esa época, la frontera la cerraban a las 4pm y esto me puso muy nervioso. Porque quedarme por estos lados, no andar suficiente dinero, haber escuchado el asunto de las maras que supuestamente operaban en este país y todos los inconvenientes psicológicos que no le permiten al extranjero conducirse con tranquilidad por lugares que no son los habituales, pues me tenía algo intranquilo.

Sali de la casa de estos clientes y me dirigí lo más rápido posible rumbo a la casa de este señor Edwin, porque la venta de este único producto que tenía, me proporcionaría el resto de dinero que requería para completar el pago del pasaje para salir de Honduras, llegar a Ocotal, la ciudad fronteriza más cercana, buscar un hospedaje acorde a mi presupuesto, si acaso no encontraba el último bus que salía de Ocotal para mi casa en Managua, por el resto del día, comprar algo de comida y luego pagar el pasaje desde Ocotal, hasta Managua.

Llegué a casa de Edwin, una casa muy bonita en un lugar residencial muy bueno, se notaba cierto nivel económico de las personas que vivían aquí. toqué el timbre, abrió la puerta de la casa la señora auxiliar del hogar, desde la entrada de la verja de hierro que daba a la calle, se acercó y me saludó. Ella ya me conocía de tantas veces que llegué buscando a su patrón. Me saludo cordialmente:

- ¿Como está don Reynaldo? - Excelentemente bien, le respondí y luego pregunté: ¿Y don Edwin está en la casa?

Ella sonriendo y con una escoba en la mano me dijo:

- Fíjese que don Edwin salió, anda en Tegucigalpa y regresa como a las 8pm. -

Al escuchar estas palabras, como que algo se me desprendió dentro del pecho. Pero tratando de conservar la compostura, el aplomo y la buena educación dije:

- ¡Qué raro!, él me aseguro que estaría qui, que viniera hoy a esta hora. -

- ¿Como fue posible que se le haya olvidado mi visita? –

Dije, aparentando algo sin importancia, con desgano, sin mostrar ningún tipo de incomodidad.

- Bueno, quizás lo visite en otra ocasión, sería que lo visite otro día. –

Y salí apresurado a buscar el bus de regreso a Nicaragua. Llegue con las completas con la salida de uno de los últimos buses de El Paraíso, pague mi pasaje y muy decepcionado mentalmente, comencé a quejarme por la irresponsabilidad de este sujeto Edwin, él sabía muy bien que la visita mía era para llevarle aquel producto. Ya lo había decidido él, el día de la entrega y ahora me deja colgado. Bueno, también pensé en algunas cosas referidas a su ascendencia, pero ni modo, el mal estaba hecho.

Este señor, sabía desde donde llegaba yo a visitarlo, más de 400 kilómetros de viaje, solo para esconderse y no comprarme el filtro de agua que tanto me había costado. Porque yo lo compraba de contado, para luego vendérselo a él. Es verdad que yo ganaba una buena comisión con este producto, casi el 40% por la venta, pero también estaba haciendo una gran inversión en transporte, comidas, etc. ¿Y ahora me deja plantado este tipo? Que irresponsable este hijo de su #@$%#. Bueno, el mal estaba hecho. Ahora pensaba en lo siguiente.

No podía creerlo, no se me pasaba el enojo que tenía contra este sujeto. Llegué a la frontera saqué mi cédula que me permitía entrar o salir de este país y cuando tomé el bus para Ocotal, les pregunté si llegábamos a tiempo para tomar el bus con destino a Managua. El ayudante me dijo que era difícil, ya que el último bus salía de Ocotal a las 4pm y ya faltaban solo 5 minutos y el viaje de la frontera hasta Ocotal duraba un poco más de 15 minutos.

Saqué entonces el dinero que tenía en mi bolsillo, porque debido a que no vendí el filtro de agua, ni otros dos productos de limpieza del hogar que tenía, el plan había sido modificado radicalmente. Yo sospechaba que ya no contaba con todo el recurso monetario que se requería para quedarme en el hotel en Ocotal, comer algo para la cena, porque no había almorzado y luego tomar el bus para Managua.

Llegué al hotel como a las 4:30 pm, me registré, me asignaron un cuarto, entré al mismo y saqué todo el dinero que llevaba en los bolsillos de mi pantalón, lo puse todo en la cama. Para esos días, no conocía a nadie en esta ciudad, por lo que no había posibilidad de llegar a la casa de algún amigo. Empecé a hacer los cálculos de todo lo que se requería pagar versus lo que tenía realmente. Y no daba la cuenta, me faltaba para casi todo, en realidad lo único que tenía era para montarme en el bus para regresar a Managua. Entré en pánico.

Ahora si estaba en problemas. Incluso comencé a pensar en salir del hotel después de registrarme y a buscar alguna comidera, hotel, restaurante, alguien que me compraran alguno de mis productos y luego pagar hotel, comida y pasaje. Le di varias vueltas a todo el pueblo de Ocotal, busque en cada negocio de comida que estuviera abierta, llegue a los hoteles y bares de la ciudad, pero nadie se interesó por mis productos. Decían que era muy caro, yo les explicaba que eran biodegradables, concentrados, les explicaba la matemática donde ellos podían ver que los ahorros eran evidentes. Pero nada, a pesar de mi sonrisa llena de seguridad de lo que ofrecía. Nadie quiso comprarme nada.

Después de mucho caminar ya eran las 9:00 de la noche, no tenía con que pagar el hotel. Pensé en entrar a mi habitación, dormir algo, levantarme a las 3 de la mañana y salir antes de que alguien en el lugar se levantara y correr hacia la terminal de buses, montarme en el primer bus que salía a las

3:45am y no pagar el hospedaje. En este hotel, me había quedado unos meses atrás, un día que andaba con mi esposa, entonces ya me conocían, sabían quién era yo dado que siempre trataba de conversar con la gente para hacer amistades y luego tratar de venderles algo de mis productos.

Por lo que decidí no cenar, para ver si salían las cuentas, pero solo tenía lo del transporte hacia Managua, no me alcanzaba para pagar el hotel, ni para ninguna otra cosa. Me puse muy nervioso, otra vez salía del hotel a la calle, para buscarle venta al filtro de agua u otro de mis artículos de uso diario. Ya era muy noche, muchas casas y locales comerciales ya habían cerrado. Caminé por varias calles, algunas oscuras buscando a quien venderle el aparato y no encontré a nadie.

Fui a otras tiendas y hogares que ya estaban abiertos, parecía que en esta ciudad la gente cerraba sus puertas en cuanto oscurecía y algunas las abrían muy tarde. Me dieron las nueve de la noche caminando por las calles. Llegué hasta la puerta del hotel que era como entrar en un gran patio, a la izquierda había un lugar para parqueo de vehículos y a la derecha un bar-restaurante, luego a la derecha la cocina y a la izquierda las habitaciones. Pero al llegar a solo pocos pasos me detuve por un momento y tuve miedo de entrar.

Me daba miedo usar el servicio e irme por la madrugada como ladrón. Pasé una hora en la esquina frente al hotel, estaba aterrado, paralizado. Para esos días, había empezado a visitar una iglesia cristiana y empecé a orar. No sabía bien como debía hacerlo, pero empecé a explicarle a Dios la situación en la que estaba, ya eran las 10pm de la noche, ya el pueblo estaba dormido y yo estaba en las calles de Ocotal, frente al hotel, muriéndome de frio.

Debo aclarar que, para estos años, este era uno de los pocos pueblos de Nicaragua dónde hace frio de verdad. Y me puse a orar, de forma desesperada, casi con lágrimas en los ojos y con mucha desesperación y el corazón en la mano, comencé a conversar con Dios a explicarle mi situación. Después de mucho explicarle, sentí que algo me impulsaba a entrar al hotel, buscar la habitación que me habían asignado y con mucha prisa, entre, casi a escondidas, buscando que nadie me viera. Este lugar, además, de ser hotel, era un bar-restaurante y cerraban tarde por la noche.

Pensando en esto, busqué al gerente para intentar vender el filtro o alguno de mis jabones líquidos biodegradables, pero me dijeron que se había ido a casa de su mamá, desde el mediodía, después de una llamada, porque la esposa estaba enferma. Y el gerente había salido apresuradamente. Los empleados que estaban atendiendo no tenían la autorización para hacer ninguna compra, eran incapaces de tomar una decisión como para comprar algo. Después de eso, entré en mi habitación y busqué mi celular.

Esa misma noche, llamé a mi esposa, tenía unos deseos inmensos de contarle sobre la situación en la que estaba, pero me dio pena decirle que era un fracaso como vendedor. Que no había podido vender ningunos de aquellos super tremendos artículos de uso diario que llevaba, los que estaban programados solo para entregar, me pagaran el dinero y con eso cubrir todos los gastos, previstos para este viaje. Además, había que buscar dinero para los gastos de la casa, nuestra situación económica era un caos para esos días.

Estaba frustrado sobre manera, no entendía mis fallas al tratar de vender. Después de un buen rato caminando por las calles de Ocotal, con el frio de la noche, me metí en mi cuarto, disgustado, ansioso, con pánico y preocupado por la falta de dinero para completar mis costos de alojamiento y del transporte. Volví a orar, esta vez de rodillas, imploré con toda el alma por una solución, después de casi una hora, sentí una sensación de resignación, de paz.

Me dispuse a dormir, arreglé todas mis cosas para salir rápidamente del lugar, ya había planeado todos mis movimientos, entre los que estaban salir huyendo sin pagar, porque el dinero lo usaría para el pago del bus, no había otro remedio. Unas horas antes, pensar en dormir era una locura, muchos pensamientos venían a mi mente y una y otra vez repasaba con cuidado lo que iba a hacer.

No sé por qué, volví poner el dinero que andaba sobre la cama, y conté nuevamente lo que tenía, busqué por todos lados y de mis bolsillos saqué nuevamente el dinero que andaba, unos cuantos billetes salieron de los bolsillos, muy pocos, busqué en todos los bolsillos de mi bolso, en todos esos lugares donde uno pone dinero, ya lo había hecho la primera vez y repentinamente las cuentas calzaron, había dinero para todo lo necesario. ¿Como fue aquello? Estaba sorprendido.

No sé como sucedió aquello. Luego de contar el dinero que tenía en mis manos, por varias veces Ahora no solo tenía para pagar el hotel, tenía para pagar el bus hacia Managua, también para desayunar en este hotel la comida sabrosa que hacían en este lugar, comprarle a mi esposa y a mis hijos unas rosquillas pequeñas, llamadas bizcotelas con un baño blanco, muy deliciosas. Comprar para mi alguna fruta que me gustaban mucho y todo lo necesario para regresar a mi casa, sin ganancias, pero sin cometer ningún delito.

Tenía también para todos los pasajes dentro de Managua, hasta llegar a mi casa. No sé qué fue, para mí era un milagro, quizás solo en este momento saque todo el dinero que realmente andaba, que había hecho malas cuentas por la preocupación cualquier cosa pudo ser. Pero creo que fui objeto de un milagro. Por la mañana, salí de mi cuarto, pedí un buen desayuno. Luego pedí mi cuenta pagué todo y salí caminando hacia la terminal de buses. Entonces comprendí que Dios, me había escuchado y le di las gracias. No merecía aquel milagro, pero había sucedido.

Hasta ese momento, yo no creía mucho en que me sucederían milagros o cosas parecidas, pero lo estaba viendo, me estaba pasando, me sentí muy feliz, agradecido, incluso, había dormido sin despertarme ni una sola vez por la noche para ir al baño. Fue algo tremendo, que aún muchos años después, pienso en si aquel milagro fue verdad, porque nunca lo he merecido.

Antes de abordar el bus, compré las deliciosas bizcotelas que un niño vendía subiendo en cada bus estacionado en la terminal y compre 3 bolsitas de 10 bizcotelas para llevar a mi esposa y a mis hijos, mientras esperaba la hora de salida del autobús hacia Managua, compre una taza de café a una señora que también subía a los buses con un termo azul y una ristra de vasos descartables, donde servía el café, caliente y aromático.

Estaba lleno de alegría, nunca en mi vida había tenido una experiencia tan extraordinaria como esta, me sentía muy afortunado, bendecido. Quizás, todo lo que había pasado fue producto de mi desesperación, por eso no había hecho las cuentas de forma correcta. Quiero pensar que fui objeto de un milagro, aunque no creo ser tan buena persona como para serlo, en fin, creo que una buena parte de las personas comunes y corrientes que estamos luchando por subsistir, queremos milagroso nos los inventamos.

Algunos días después, le conté esta historia a mi familia, les expliqué a mis hijos el negocio en el que andábamos metidos, contarles lo que pasábamos y porqué los dejábamos solos por días, para esa época eran bastante pequeños, luego todos juntos le dimos gracias a Dios. A nuestro modo.

FIN

La cámara fotográfica.

Siempre había deseado tener una cámara fotográfica de esas que tienen un enorme bolso y dentro del bolso infinidad de dispositivos y lentes telescópicos, trípodes para diferentes tipos de tomas de imagen, me resultaba muy atrayente poder capturar imágenes de personas, paisajes alegres, exuberantes, tristes, lejanos, profundos, cercanos.

Pero también me gustaba capturar en las personas ese instante en el que lucen muy bien, dónde expresan la emoción del miedo, la alegría, la tristeza, la belleza, porque creo que todos tenemos un momento en el que lucimos extraordinarios, humanos ese es el instante que reflejamos la mejor imagen de nosotros.

Es solo un instante, que los profesionales tratan de capturar tomando muchas fotos y en diferentes ángulos. Este era uno de mis sueños más ardientes, siempre lo tenía presente en mis pensamientos, no me dejaba en ningún momento, parecía como tener sarna o piojos, siempre y en cualquier lugar y momento te están molestando. Luego de ahorrar, hacer algunos trabajos extra y con la ayuda económica oportuna de mi esposa, logre juntar el dinero necesario para comprarme una.

Pero tenía que ser una buena cámara, al menos semi profesional, que tuviera características excelentes de desempeño, por lo tanto, tenía que ser de una marca internacionalmente reconocida por su excelencia, precio. Aunque no me importaba si era de la marca "Pollito Azul", me daba lo mismo, con tal de que fuese una cámara fotográfica.

Me compré una Nikon, la compré por Amazon, cuando super emocionado abrí el paquete, vi que traía un bolso muy elegante color negro, con montón de lentes, cables, cajitas y accesorios que aún no se usar, pero solo bastan las características básicas de la cámara para capturar esos momentos, instantes de cada persona cuando Dios se asoma a través de ellos para decirnos que está en todas partes y también dentro de nosotros mismos.

Ese es el instante en el que la persona se ve hermosa, linda, bonita, graciosa, un ser humano bello, grandioso y espectacular, como solo puede ser Dios. La imagen y semejanza, que sale a la luz en esos instantes, solo es posible capturarlos con una cámara fotográfica. Este es el propósito de ellas, capturar ese instante que no siempre sale a relucir, pero el fotógrafo busca, desea capturar en cada ser humano, en cada lugar, en cada cuadro que se le presenta la captura de un instante único e irrepetible.

De allí la búsqueda constante y permanente de esas tomas que las personas que saben apreciar este arte, valoran. En mi caso, solo cuando ando sin una cámara me encuentro con algo que seguramente es un excelente objeto para fotografiar. Una tarde de sol con muchos colores ocre, o una luna llena con un marco de árboles que le dan un toque romántico, espectacular y grandioso. Una mirada de una muchacha hermosa o los arrumacos de un par de aves sobre la rama de un árbol seco, muchas cosas, quizás son los estados de ánimo o las oportunidades perdidas.

Pero lo máximo de la fotografía es retratar a las personas que reflejan la imagen de Dios en sus vidas, eso sí es escaso, pero posible y solo pueden verlo algunos de corazón puro. Tal es el caso de una niña vecina de mis amigos los Rosales. Esta pequeña de unos 9 años de edad, vivía frente a la casa de ellos, era hija única y siempre estaba atenta a cuando los Rosales estaban en su casa, normalmente era los fines de semana, una de las motivaciones que a ella la hacía visitar a mis amigos, eran los niños pequeños que ellos tenían, eran 2 pequeñines, no mayores de 2 y 6 meses de edad.

Ella buscaba como llegar a la casa y jugar con ellos, pero a medida que fue pasando el tiempo, ella creció también y los niños ya no eran pequeños, pero ella siempre decía que algo la atraía a esta casa, no sabía si era el que esta pareja y sus hijos, hacían todo en su casa como una familia en armonía, o la felicidad que por todos lados en esta casa, ella sentía, ella estaba clara que algo había en esta familia que le gustaba y siempre que podía, a pesar de ser una adolescente para esta época, siempre preguntaba, porqué le gustaba, el ambiente que se vivía en esta casa.

Estas personas todo lo hacían juntos, jugaban, conversaban, hacían la limpieza de la casa, cocinaban, miraban televisión, muchas cosas que, en la casa de ella al parecer, era imposible hacer, aquí se lograba. Esa si sería una tremenda fotografía para el recuerdo de esta niña o de estos amigos, los Rosales, que quizás sin proponérselo, con su relación familiar reflejaban el rostro de Cristo.

FIN.

Héctor Guillen N.

El Doctor Peñaranda y la medicina milagrosa

La panacea era un tipo de medicina al que se le atribuía la propiedad de curar muchas enfermedades. Era la solución que usaban muchos curanderos del siglo XVIII, como remedio o solución para cualquier tipo de problema. En el siglo XX, algunos doctores graduados de excelentes universidades y escuelas de medicina. Han tenido confianza en algún tipo de tratamiento que, por aplicarlo en muchos y diversos casos, podría decirse que esa medicina tan poderosa, la utilizan como panacea.

El siglo XX, caracterizado por la explosión demográfica ha traído muchos retos a los políticos y gente de ciencia que se enfrentan a demandas de servicios, productos, alimentos, viviendas y todo tipo de cosas que les permita tener una vida digna. Así también, han surgido una enorme variedad de enfermedades y variantes de una misma enfermedad que requiere también de diferentes tipos de atención, medicinas, cuidados, etc. No ha sido fácil lidiar con las consecuencias de una sobrepoblación que tiene derecho a casi todo.

Pero solucionar todas estas variantes que implica el exceso de población, no es tan sencillo, porque colapsan los servicios básicos, los alimentos, las medicinas, el transporte y todo lo que la gente utiliza en su vida diaria. Los centros de salud, hospitales, servicios policiales, todo está cerca de la crisis siempre. Y esto se logra ver, cuando ocurre alguna tragedia o un accidente. Las carreteras y calles más transitadas se convierten en una enorme fila que no avanza o circula muy lentamente.

Los días de pago es tan difícil hacer una transacción bancaria, como ir al cine o a comer a algún restaurante o un centro de comidas rápidas. Todo se convierte en una pesadilla donde muchas personas que también tienen recursos, quieren tener acceso a esos servicios. La gente se queja, pero no de que todos tengan posibilidades de comprar bienes y servicios disponibles para todos, eso alegra a muchos, pero otros no lo ven de esta forma.

En las clínicas médicas, y hospitales sucede lo mismo hay que esperar largas horas para que el medico pueda atenderte, por lo que han dividido los servicios médicos en casos urgente y casos no tanto, pero que definitivamente requieren de atención. Sucedió en la Clínica Médica "El Buen Pastor", eran las doce del mediodía y la cantidad de pacientes que ya había atendido el Dr. Peñaranda de nacionalidad cubana, había sobrepasado en mucho la norma diaria, estaba viendo que no sería posible acompañar a su esposa a almorzar. Parecía que se había desatado una peste por la cantidad de pacientes.

Era bueno que llegaran a su clínica, aunque no fuera por una peste. Los casos eran muy variados y el cobro de la consulta no era muy barato que digamos, ya que este doctor, además de ser muy habilidoso en la práctica médica, los tratamientos que recetaba resultaban ser efectivísimos y quizás por este factor, la cantidad de pacientes que acudían a visitarlo estaba creciendo tanto.

Ya cansado, con hambre estaba por trasladar a sus pacientes a otra hora, para poder darse un respiro y poder comer algo, habían sido seis horas continuas de trabajo y estaba agotado tenía que hacer un alto, descansar, almorzar y continuar. El negocio se estaba poniendo bueno. En el momento mismo que se levantó de su silla para dirigirse a la secretaria para suspender temporalmente la consulta, entro la joven asistente vestida con su tradicional bata blanca y le dijo al doctor que una paciente extremadamente desesperada estaba suplicando que la atendieran.

El doctor quiso dar una buena excusa, pero inmediatamente entro casi junto con la asistente una pequeña mujer, llorando y asustada por su condición médica, que, según ella, era algo de vida o muerte. La mujer entro en la consulta y antes de que diera tiempo al doctor para excusarse o decirle que solo iba a almorzar, la joven se quitó la blusa y quedó con el torso desnudo.

Inmediatamente lo que se miraba era que uno de los senos de la joven era normal, pero el otro era seis veces más grande, además, decía que le dolía a muerte. No dio tiempo más que para decirle a la asistente que ese sería el último de los casos que vería ese día. Aquella mujer lloraba, porque pensaba que se iba a morir muy pronto y lo que más le dolía era que dejaría a su pequeño niñito, recién nacido en la orfandad.

El Dr. Peñaranda empezó a hacerle una serie de preguntas y de todo lo que pregunto el resumen era que ella tenía cinco meses de haber parido a niño, que, en el último mes, el niño lloraba mucho cuando intentaba ponerlo a mamar del pecho que tenía normal y no del que ahora tenía enorme, solamente de este pecho, aquel bebé podía mamar sin problema, pero del otro, en cuanto lo movía para que se alimentara, empezaba a llorar y se tocaba la orejita. Parecía que le dolía.

-        Pero, ¿Cuál es la relación con mi bebe, con mi enorme seno? - Se preguntaba la joven. –

A partir de ese momento, el Dr. Peñaranda se enfocó en el bebé. Ordeno que se lo llevaran, busco su otoscopio, estaba para revisar al pequeño que dormía inquieto, después pregunto si el pequeño había tenido alguna gripe, si le había dado fiebre, ya sabía que lloraba cuando su mamá intentaba ponerlo a mamar del otro seno. Al final tomo lápiz y su recetario, le dijo que le compraran una medicina, le dio indicaciones de cómo le daría aquel remedio y le dijo, bueno eso es todo en el caso del niño.

¿Y en mi caso? Preguntó la joven mamá. ¿Cómo voy a hacer con mi enorme seno? En el caso suyo, se toma la misma medicina y me vienen a ver dentro de quince días. Pero usted se la toma una cucharada cada ocho horas, también se pone una compresa de agua caliente, a una temperatura que soporte, diario por una semana, en el seno afectado. Lo suyo se debe mejorar en un par de días. ¿Tiene otra pregunta?

Miro a la joven mujer que estaba asombrada. Luego dijo dígale a la asistente que le selle las recetas y que le reserve una próxima cita. Se quito la bata blanca, arreglo algunas cosas del escritorio, guardo algunos instrumentos y salió del consultorio, a la salida le dio algunas instrucciones a su secretaria y salió rápidamente de la clínica. La joven madre, no pudo decir ni una sola palabra.

Ella pensaba que la iban a palpar, luego le enviarían una serie de radiografías, talvez una biopsia o algo parecido, pero solo reviso a su pequeño hijo, pregunto algunas cosas sobre él y ya. Además, le envió a ella y también a su hijo la misma medicina. Después se enteró de que este médico a casi todos sus pacientes les recetaba esta misma medicina. Para él esta sustancia llamada Sulfaprim era una formula química muy buena para Tratamiento del síndrome metritis-mamitis-agalaxia, la rinitis atrófica, diarreas causadas por cepas de bacterias de la Escherichia Coli, pero sensibles a la sulfadiazina y trimeto-prima, para este galeno. era como una panacea, lo raro era que toda una serie de padecimientos diferentes, como Pulmonía, bronco pulmonía, bronquitis, enteritis, gastroenteritis, peritonitis, metritis, mastitis (vía general), colibacilosis, adenitis equina, septicemia, entre otras, generalmente, se curaban con esta medicina.

Entonces era una realidad, el Dr. Peñaranda había descubierto una medicina para curar casi todas las enfermedades. Era efectiva, solo en raros casos y en especiales condiciones no funcionaba. Este honorable médico, no tenía ningún obstáculo para recetar aquella medicina en la que confiaba al extremo.

Algunas personas quienes lo conocían por años, sonreían cuando se enteraban que este señor solo recetaba aquel brebaje milagroso, porque sus pacientes, se curaban con la medicina. Quince días después llego aquella joven mamá con su pequeño bebe, sanos y salvos, sonrientes. El medico reviso a los dos y solo les dijo que se cuidaran de lavar los alimentos y hervir el agua que tomaba ella y su hijo, para que no volvieran a enfermarse.

Con seguridad, este caso, es el de un profesional conocedor de su profesión y de las características específicas de cada enfermedad de sus pacientes y de aquí su certeza en el tratamiento, gracias al compromiso adquirido con cada paciente que acudía a consultarlo. Un sentimiento de satisfacción me llena el saber que aún existen médicos de este tipo, son tan raros que causan asombro e incredulidad en muchas personas, acostumbrados ahora algunos que tienen mucha actitud, aparentan saber mucho, recetan muchos medicamentos, quizás esperando que alguno le pegue a la enfermedad, pero sin saber a ciencia cierta, cien por ciento seguro. Para todo lo demás esta Dios.

FIN.

La misteriosa casona de León

A comienzos del año 1900, el padre de mi abuela Lucía, don Cipriano del Corazón de Jesús Palacios, compró una casa ubicada frente a la catedral de León. Se decía que esta casa había pertenecido a un rico español que vivió en Nicaragua casi a finales de la época colonial. La casona de León, fue comprada por el bisabuelo materno, porque esta había sido una ganga, ya que la casa estaba valorada en casi cuatro veces más, según el mercado inmobiliario de esos días.

Para esa época, este bisabuelo, solo tenía un hijo que le había dejado cuatro hijos varones y cuatro hijas, y que había muerto en un accidente en Managua, por lo que ahora todos sus nietos, hijos de este único hijo, vivían bajo el techo de este hombre. Como no tenía más familia que sus nietos, a todos los trataba como a sus hijos directos, ocho pequeños que lo adoraban y eran la delicia de la vida de este hombre.

Esta casa tenía un enorme corredor interno, techado con tejas que se tenían que cambiar cada inicio del invierno, porque los chavalos de este barrio de León, agarraban a pedradas el techo de la casa, porque decían que, sobre el techo, casi cayendo la noche, sobre las tejas del techo se miraban correr a hombrecitos sin camisa, descalzos y en pantaloncitos de colores brillantes.

La temporada de lluvias en Nicaragua iniciaba en mayo y terminaba en noviembre. La casa era una construcción de estilo español de la época colonial, construida a mediados del año 1849, frente a uno de los barrios más exclusivos de la ciudad de León. El parque estaba al otro lado y toda la vida de la clase alta de esta ciudad universitaria desfilaba por las calles de este barrio, gracias a la exclusividad de su ubicación enfrente de una de las construcciones más importantes de este lugar.

Los desfiles de elegantes carruajes de la época, paseando a las damas elegantemente ataviadas y a algunos principales caballeros de la ciudad, se pavoneaban al pasar por esta casa, por su estratégica ubicación. La gran altura del techo y sus gruesas paredes de adobe, eran una de las inteligente soluciones de los arquitectos de esa época para hacer más llevadero y soportable, el calor que siempre ha característico la zona del pacifico de Nicaragua. Pero además le daba un toque de elegancia y frugalidad a las casas de las familias opulentas de la ciudad, pero sin caer en el despilfarro característico de las familias adineradas.

La gente rica de León, se mostraba muy dispuesta a presentar una imagen de opulencia, majestad y lujo que siempre buscaban imprimir en sus viviendas y darles el toque de distinción, esplendor y riqueza que deseaban presentar o hacer creer a sus vecinos y a sus adversarios políticos de Granada. Porque para estos días la sencillez era vista como miseria, pobreza y falta de ambición, desprecio por el desarrollo, en realidad mucha vanidad.

La casa había sido construida como un círculo cerrado con un hermoso jardín en el centro, rodeado por muchas habitaciones. La parte del frente a la calle, era una enorme sala que servía para hacer las recepciones, reuniones privadas y fiestas de toda clase, incluso para colocar un altar enorme de la virgen María y celebrar la purísima Concepción de María, que había iniciado en esta ciudad en el año 1857. En línea recta, pasando por el jardín, pero con una puerta de acceso, el corredor interno, había dos puertas que daban acceso a los retretes de la casa, una para hombres y otra para mujeres.

En esta época, hacer celebraciones, tener invitados a cenar o cualquier otra reunión, era una prioridad, dirigida a cultivar relaciones de beneficio, político o económico. Por lo que el dueño de esta casa, no podía darse el lujo de no celebrar a la Purísima Concepción de María, dirían que solo era una fachada de elegancia y opulencia del dueño de casa. Luego de la sala que ocupaba todo el frente de la propiedad, había una pequeña puertecita, a un lado, para la entrada y salida de la servidumbre. Esta puertecita llegaba hasta el enorme corredor interno, además de la puerta principal, donde se desarrollaba toda la vida de la casa y sus habitantes.

En una esquina estaban los servicios higiénicos y baño privados de los dueños de casa, para esa época lo que se usaba era la letrina, este lugar apestoso se limpiaba con toda clase de productos para que el mal olor no inundara toda la propiedad, entre los que estaba la cal, años más tarde se usaba creolina, pero con el tiempo y el desarrollo de la ciudad, se cerraban y en la esquina opuesta se construía otra letrina. Luego con los años se usaba una batería de inodoros con sistema de aguas negras y agua potable, entonces aquellos espacios donde estaban ubicadas las letrinas, se convertían en habitaciones o lugares para otros usos.

En ocasiones, donde habían estado las letrinas, se construían baños y otra batería de inodoros, por lo que para después de la época que el bisabuelo había comprado esta casona, estas cosas habían cambiado. El resto de este corredor solo se había llenado de más cosas, ahora había refrigeradoras, máquinas de coser, bicicletas, enormes armarios con toda clase de trastos de cocina y toda clase de copas para vino, mesas, cunas para niños, las paredes de taquezal estaban repelladas algunas partes con cemento y otras dejaban ver unas costillas de varas y rellenos de arcilla.

Cuando el abuelo compro esta casa, nunca le dijeron las razonas por las cuales la estaban vendiendo, el abuelo se fue de boca, no pregunto nada más que el precio, para él, esta casa era un tesoro histórico de gran valor. Todo el familión de mi abuela, mi madre y sus hermanos y hermanas llegó a ocupar la casa, con mucha ilusión y arrogancia, porque ahora éramos de las pocas familias leonesas que pasaban a vivir en esta zona exclusiva de la ciudad universitaria.

Antes vivíamos cerca del cementerio, en uno de los barrios cercanos a la entrada, cuando se llega desde Managua. Pero ahora, estábamos viviendo en el centro de la ciudad, para esta época, no había muchas tiendas en las cercanías, por lo que salir a refrescarse al parque era, como estar siempre en la casa, porque nos quedaba al frente. En las primeras semanas de estar viviendo en esta casa, habíamos descubierto las razones de la altura del techo, las gruesas paredes de adobe, el corredor interno y su jardín interno, todas estas cosas refrescaban el ambiente interno del caserón.

Por la mañana era un lugar fresco acogedor, muchos tipos de pájaros visitaban el jardín persiguiendo insectos y mariposas de hermosos colores, por el medio día y la tarde, era el único sitio donde era posible estar, porque el resto de la casa era muy caliente, pero el corredor a la orilla del jardín era otra cosa. El calor solo era posible soportarlo en este lugar, por lo que se volvía en centro de todas las actividades de la propiedad.

En el centro de la casona, el jardín lleno de plantas que daban flores de bellos colores y olores refrescantes, en ocasiones algunos pájaros, como los guardabarrancos, colibríes, se aparecían persiguiendo mariposas e insectos de todo tipo, eran una delicia a la vista, llegaban a buscar algo de agua y comida que siempre una de las tías estaba atenta a poner en el centro del jardín. Por el día era un paraíso en miniatura. Pero por las tardes y la noche, era algo muy diferente por el calor, pero menor comparado con la casa anterior, cercana al cementerio.

Cuando había noches calurosas, daban ganas de salir al corredor, por lo que, en los primeros días, cada uno de mis tíos y tías, muy jóvenes aún, salían de sus cuartos a refrescarse, para luego volver a sus aposentos a conciliar el sueño de nuevo, cuando las condiciones del ambiente lo permitían. Pero muy pocas semanas después, esto ya no era posible hacerlo.

Todo comenzó a cambiar porque a las pocas semanas de hacer aquello, empezaron a manifestarse cosas extrañas en diferentes puntos de la casa, que esta familia empezó a notar. Tanto fue aquello, que solo hasta ese momento, el abuelo de mi madre, cayó en la cuenta de que el precio al que compró esta propiedad, era por este motivo. Luego, al conversar con los vecinos, se logró confirmar lo que mi abuelo había sospechado. La casa estaba embrujada. Estaba llena de toda clase de espíritus que salían por las noches en el corredor de esta casa y adentro también.

Cada vez que uno de los nietos salía por las noches, a hacer una necesidad al baño, decía haber visto a alguien meciéndose en alguna de las mecedoras que estaban en el corredor, como también algunos de mis tíos y tías, decían que, por las noches, se despertaban escuchando discusiones en un tono bajito, como un murmullo, pero cuando se levantaba de su cama, los susurros desaparecían, solo se escuchaba silencio.

Durante las noches, cuando aún las personas no se habían ido a la cama, en ocasiones aparecerían en las esquinas, en el baño y como entrando a los cuartos, personas vestidas con largos camisones blancos. Niños que corrían unos detrás de otros. Gente que le pasaba a las personas a un lado, mientras estaba haciendo algo, o escribía algo, eran apariciones repentinas y a esa misma velocidad desaparecían, eran como sombras.

Por las noches, cuando alguno de mis tíos se despertaba con ganas de ir al inodoro, mejor se aguantaba o utilizaba una bacinilla para orinar, en ocasiones los más pequeños lo hacían en una esquina dentro de la casa, porque el miedo a salir al corredor, era más fuerte que el deseo de orinar. En los cuartos donde dormían dos o más de estos hermanos, buscaban como ir al inodoro en grupos, pero en aquellos donde solo había uno, el olor a orina, era insoportable. Las empleadas siempre andaban inventando como quitar aquellos olores que inundaban toda la casa, usaban creolina y cal como remedio.

En una de estas ocasiones, muy entrada la noche, el abuelo se despertó sobresaltado, por la algarabía que se escuchaba en la sala, hasta pensó que se habían metido los ladrones a la casa, porque se escuchaba como una discusión acalorada, a gritos. Se levanto asustado, tomo su machete y al asomarse a la sala, no había nadie, todo se silenció al instante, pero un fuerte olor a candela recién apagada o un fuerte olor a tabaco flotaba en el ambiente.

Para esa época, se compraron muchas bacinicas, porque salir, no era una de las opciones, nos aguantábamos, aunque algunos se hacían en la cama, porque salir al corredor era algo temerario y había que pensarlo muy bien. Nunca se sabía con qué nos íbamos a encontrar, las apariciones no hacían nada, pero en medio de la oscuridad, siempre causaban un tremendo susto y alboroto en toda la casa, tanto a las mujeres como a los niños quienes lloraban llenos de terror, cada vez que miraban algo que se movía en la oscuridad o se encontraban con algo, siempre gritaban aterrados.

En ocasiones se escuchaban acaloradas conversaciones en forma de murmullos, pero al salir no había nadie en el corredor. Otras veces, principalmente por las noches cuando había calor, en las esquinas oscuras parecía como si alguien se agazapaba, parecían personas escondiéndose de algo. Repentinamente alguien cruzaba de un lugar a otro y lo podías ver con el rabillo del ojo. Muchas cosas y evidencias demostraban que en toda la casa asustaban.

Había cosas inexplicables murmullos entre gente que decía cosas inentendibles, normalmente parecían conversaciones apuradas por algo terrible, aunque no se entendían las palabras. A veces alguien lloraba, se escuchaban voces de alguien que llamaba. Un sinfín de cosas sin explicación. Incluso niños que corrían de un lado a otro, era como que, por las noches, se abría una existencia paralela, una dimensión extra.

Salir al inodoro por las noches, era toda una tragedia, mejor era usar la bacinica, porque al salir del cuarto donde dormías, te podías encontrar con alguien sentado en una de las mecedoras, o una mecedora que se movía como que alguien estaba sentado allí y se mecía, o alguien que cruzaba de un lado a otro y muchas cosas inexplicables. Mejor era no salir, después de la quinta ocasión de ocurrir aquello, habían llegado muchos curas a exorcizar el lugar, pero nunca se fueron, era como que existieran personas diferentes a las que estábamos allí, otra familia en este lugar.

En una de estas ocasiones, mi tío Bladimir uno de los mayores de los hermanos de mi mamá, le había caído mal una comida que compro en el parque, como era muy glotón, a pesar de la advertencia y decirle que se aguantara, a llegar a la casa para lavarse las manos y comerse lo que había comprado, no hizo caso y con las manos sucias, se había comido aquel alimento comprado en la calle.

No tardó mucho, cuando las tripas comenzaron a sonarle, con todo y lo mal que supuestamente se sentía, también se atravesó la cena que había en la casa. Después que se acostó en su cama, luego de que su estómago no pudo procesar todo aquello, el malestar le hizo levantarse, utilizo su bacinilla para evacuar todo, pero aquel dispositivo le quedo muy pequeño, al punto que sobrepaso la capacidad efectiva del recipiente.

El olor era insoportable, pero era más poderoso el tufo de todo aquello, al punto que decidió salir al corredor y buscar el inodoro para depositar aquel desecho. Caminaba tan rápido que dejo un reguero de aquella suciedad en el piso, desde su cuarto hasta el baño, la tufarada se extendió por toda la casa, se levantaron varios de mis tíos y al salir descalzos algunos se habían embarrado los pies de aquello regado por el tío Bladimir.

Se armo un alboroto, algunas de mis tías llamaban a su mamá, otros buscaban a mi tío Bladimir, quien había provocado aquel desastre, pero no respondía por estar en lo suyo, le dolía de tal manera el estómago, que, en un momento, cuando le llamaban por todos lados, con el dolor de los retortijones que tenía dijo:

- Aquí estoy. -

Pero le salió algo parecido a un quejido ronco y doloroso, que más bien asustó a todos en la casa. Causando pánico y conmoción en todos, al punto que algunas de las tías emitieron gritos de espanto, que se escucharon por toda la cuadra. Tanto fue aquello, que algunos vecinos llegaron a golpear las puertas de la casa, pensando en alguna tragedia.

Ese día, para que no volvieran a tener miedo los nietos de mi abuelo, fue a buscar al arzobispo de la iglesia, armo todo un escándalo para que lo atendieran, no era posible que, teniendo a la iglesia como vecina, esta no pudiera atender aquella situación tan urgente y más aún, solucionarla, ya que era uno de los asuntos tratados por esta organización espiritual.

Desde ese día, empezaron a llegar varios sacerdotes, dentro de la casa hicieron varios rezos, hasta algunas misas, pidiendo por el descanso eterno de aquellas animas en pena, que atormentaban a la familia de mi madre. Después, aquellas manifestaciones se fueron desapareciendo, hasta que se fueron para siempre. Creo que nunca dejaron de aparecer alguna que otra cosa, pero la cantidad de aquellas manifestaciones paró a partir de aquellos rezos y misas dentro de la casa.

La propiedad estaba llena de aquellas cosas incomodas, pero para efectos de poder venderla, aquellos dueños no se habían quejado de nada, solo algunos vecinos cercanos sabían de aquello, nadie más conocía de esas apariciones, solo después de que la familia de mi mamá llegó y empezó a quejarse de aquello, a contar sobre aquellas apariciones, la iglesia se hizo cargo y todo eso desapareció con el paso del tiempo.

Ahora, si preguntas en León sobre estas cosas de la casa esquinera frente a la catedral metropolitana de esta ciudad, nadie le contara nada, eso es porque no saben, o porque no te lo quieren decir; para que experimentes lo que pasa en algunas viejas casas de construcción estilo español, para que te lleves un buen susto o para que veas que el más allá existe.

FIN.

El Crimen de la parada del bus

Era una hora en la que miles de trabajadores salían de sus casas, otros de sus centros laborales o para dirigirse a hacer sus mandados o diligencias, las paradas de los buses del transporte urbano aún estaban atestadas de personas, a pesar de que ya era tarde. Todos se movían apresuradamente para llegar a sus trabajos, llevar a sus hijos pequeños a las escuelas o desplazarse para otro parte como universidades, centros comerciales, otro trabajo en el turno de la mañana, en fin, era un caos que se desarrollaba a gran velocidad y nadie le ponía atención a nadie, todos estaban buscando la manera de salir del lugar.

En las paradas las personas iban y venían de un lado para otro de forma frenética, los buses que llegaban a la parada frente a la UCA se llenaban de personas antes de detenerse. Una persona mayor se caía y otras le ayudaban a ponerse de pie, otras casi pasaban sobre él, todos buscando como subirse al bus.

En ese momento, un hombre joven apurado por una necesidad del cuerpo, entró a uno de los inodoros públicos, ubicado en la larga caseta de la parada de buses del lugar y al entrar observa que el piso, el inodoro y las paredes del cuarto del baño, están embarradas de sangre, son casi las 9:00 de la mañana y todo mundo corre, va o viene de un lado a otro.

La escena del cuarto de baño, era como si alguien se había apoyado a estás paredes mientras sangraba abundantemente de varias partes del cuerpo. Parecía sangre fresca, aún se escurría de las paredes, de la tasa del baño, todo en el lugar aún goteaba sangre, se escurría en el piso del pequeño lugar. No había ningún cuerpo a la vista. Por un momento, el joven pensó que la persona herida había salido hacia la calle, pero seguramente alguien la habría visto y todos en la parada del bus de alguna manera se abrían dado cuenta del suceso.

Quiso hacer su necesidad, pero prefirió dar aviso al salir del lugar. Además, pensó que podía contaminar la escena del crimen. Salió rápidamente y le pregunto al que vendía golosinas y que cobraba el uso del inodoro si había visto a alguien que estuviera herido. El vendedor de golosinas no entendía lo que aquel joven le decía. En este sitio nunca pasaba nada malo, nada de lo que él no se enterara, por eso no entendía. Casi no se había movido del sitio, por la hora, menos en ese momento, era un vendedor estacionario, por lo que lo dicho por este joven era ilógico, una locura.

- ¿Como es eso de alguien herido, sangrando? -

No entendía lo que le estaban diciendo. Entonces Milton, el muchacho vendedor no supo que decir. No había visto nada, pero cuando el joven le dijo que mirara dentro del cuarto del inodoro, al asomarse y comprobar que lo que le estaban diciendo, se asustó tanto que pego un grito, dijo:

- ¡Santo Dios! -

-Pedro vení rápido. -

Luego de unos segundos, llegó otro muchacho vendedor, algo mayor y un poco contrariado que había respondido al nombre de Pedro, le pregunto:

- ¿Que fue? - ¿Qué son esos gritos? -

Milton le decía un montón de palabras incomprensibles a Pedro y al preguntar qué estaba pasando, el otro le señaló hacia el cuarto del inodoro para que mirara. Pedro se asomó en el baño por sugerencia del vendedor y abrió los ojos tan grandes, que casi se le salían de las cuencas, alarmado, busco llamar a la policía. La gente que estaba en la parada del bus, al ver el alboroto, se acercó con cautela a mirar. Mucha gente llegó a observar aquel espectáculo sanguinario.

Después de casi una hora de esperar, una patrulla de la policía que pasaba frente a la parada del bus, al ver al tumulto y a algunas personas que les hacían señas para que se acercaran, se detuvo, rápidamente bajaron dos agentes de policía y a pedido de los dos muchachos vendedores de la parada del bus, llegaron a ver todo aquello. Se asomaron, hicieron algunas conjeturas entre ellos y dieron parte al jefe de la patrulla que inmediatamente bajó del vehículo para ver por su propia cuenta.

Otros policías de los cuatro que iban en la patrulla bajaron con mucha calma, ordenaron a la gente que se dispersara, se asomaron al baño y procedieron a poner una cinta amarilla con el nombre de la policía nacional en varios lugares de la misma. Cerraron la puerta del baño. Luego de examinar y acordonar, entre ellos hablaron algunas cosas casi en secreto, el que parecía ser el jefe tomó su celular y llamo a alguien, y luego de unos minutos de espera, le respondieron, el policía explicó lo que pasaba.

Le dieron algunas indicaciones por el radio e inmediatamente procedieron a dispersar a la gente. Mientras el muchacho vendedor de golosinas y Pedro daban explicaciones a los policías, uno de ellos, libreta en mano procedía a tomar notas de lo que decían los testigos. Hacían algunas preguntas y volvían a escribir algo en las libretas, preguntaron a otras personas que parecían saber mucho del asunto, porque opinaban sobre muchas cosas, decían estar en el lugar desde las 7 de la mañana.

Al poco tiempo, llegaron dos patrullas de policías más a la parada del bus, que aún se miraba atestada de gente, la mayoría de ellos mirones, chismosos queriendo saber del asunto, otros parecían ser periodistas pues tomaban fotos y hacían preguntas a la gente. El grupo de policías empezaba a poner el orden, porque todo mundo quería entrar al baño y ver con sus propios ojos todo, pero eso podía contaminar la escena del crimen.

Otros policías que parecían investigadores forenses, llegaron con maletines y equipos fotográficos, comenzaron a tomar muestras de la sangre que había por todos lados. Luego acordonaron el sitio y pusieron a dos agentes policíacos a cuidar la escena y partieron hacia el laboratorio de investigación de la Policía Nacional. Las sirenas de las patrullas sonaban por todos lados y la gente de toda la zona, con cara de preocupación corría a ver lo que sucedía, preguntándose:

- ¿Qué era lo que pasaba? ¿Por qué tanto alboroto? -

Luego los noticieros daban explicaciones de todo, algunas emisoras de radio decían que había sido un crimen pasional otros decían que habían visto a un herido en el hospital cercano que por sus múltiples heridas y la cantidad de sangre que se miraba había sido una masacre, otros decían haber visto a un sospechoso quien parecía ser la víctima y había quedado en un basurero cercano. Otros decían que quizás había sido un asalto, un secuestro, porque no había cuerpo en el lugar, pero aquella cantidad de sangre en el sitio solo podía ser un crimen.

Debido a la cantidad de personas que habían visto aquel suceso, la cantidad de versiones que se habían generado en los medios de transmisión radial, era un caos. Todos tenían una historia del suceso y lo lento del análisis, luego el tardado veredicto de la policía forense, se generaba más alboroto, ya era de grandes proporciones, muy parecido a los efectos de un bochinche de barrio, había ido escalando y creciendo hasta convertirse en un escándalo, nunca antes en la historia había pasado algo parecido.

Luego de tres días de investigación y análisis de las muestras de sangre en los laboratorios policiales, el resultado era que en el inodoro de la parada del bus se había encontrado muestras de dos tipos de sangre, una humana y otra de origen animal, específicamente de cerdo. Que mucha de la sangre encontrada estaba contaminada con orina y tierra, pero que, por las cantidades de sangre humana, se sospechaba que había sido por alguien que había recibido muchas heridas en el cuerpo y al parecer muy graves.

Muy cerca de allí, en el barrio cercano a la parada del bus, algunos se habían enterado de aquel asunto. El baño ensangrentado de la parada del bus, provocaba que algunas personas ya decían que había sido una pasada de cuentas de algún narco traficante, otros decían que seguramente había sido un crimen pasional, porque muchas chavalas de esta universidad, se ven en este lugar a escondidas de sus padres. En fin, ya se había armado toda una tragedia griega.

Un par de horas antes, el día había comenzado como siempre, en este pequeño barrio de Managua, especialmente en casa de esta familia, todo iniciaba muy temprano, doña Tina, una joven madre soltera del barrio "El Transfer", muy cercano a la Universidad UCA, se levantó pensando en la comida de sus hijos, esto era la lucha de todos los días. Su hijo Marcial, un muchacho de doce años, despistado, ocioso quien pasaba el día dentro de sus pensamientos, era un poco distraído.

Los muchachos del barrio lo bromeaban diciéndole "Jugado de Segua", porque decían que a los hombres a quienes se les aparecía este espanto, quedaban dundos, atontados por mucho tiempo y este muchacho actuaba parecido.

Doña Tina despertó a Marcial y le dijo que tenía que ir muy temprano a la casa de su tía Mercedes, ella le entregaría una bolsa que debía traerla a la casa, porque con eso ella haría una mercancía con la que ganarían unos centavos que ayudaría a comprar comida. Eran las cinco de la mañana cuando llego a la parada del bus que lo llevaría al barrio de Monseñor Lezcano, que era donde esta tía vivía. Por el camino, se encontró un bonito bombillo de color azul, de esos que ponen a los arbolitos de navidad. Lo levantó y se lo echo al bolsillo izquierdo de su pantalón.

Llegó a la parada del bus y con mucha rapidez, abordó el aparato de la ruta 114 cuando llegó al punto, inmediatamente este enorme autobús sobrepasó su capacidad de personas, la cantidad de gente quienes se apresuraban por llegar a sus trabajos, rápidamente se llenó la unidad. La gente colgaba de las puertas, se apretujaban unos a otros dentro y luego con cierta lentitud, el bus salió de la parada rumbo al barrio Monseñor Lezcano.

Unos pasajeros se quedaban en las siguientes paradas donde estaba su destino y también otros se montaban para ir por la ruta prevista. Ya no era tan temprano, por eso los pasajeros subían al vehículo, queriendo llegar a tiempo a sus trabajos, esta era una de las horas pico de Managua, ya que,a esta hora, muchos trabajadores se dirigen a sus respectivos centros laborales.

Unos minutos después, el muchacho llegaba a la casa de su tía Mercedes, al verlo, mientras Marcial la saludaba con las manos puestas frente a su pecho y diciéndole:

- Dios la Bendiga tía. -

Ella respondía:

- Dios te bendiga hijo. -

Y le entregaba un paquete, al mismo tiempo que le tomaba las manos a Marcial. Era un frasco de vidrio, dentro de una bolsa de papel, dentro del cual había un tipo de líquido, porque Marcial pensó que era eso desde que lo tomo en sus manos, sonaba a eso desde el primer instante. La tía le dijo inmediatamente, que de ninguna manera debía abrir aquel paquete, ya que lo empacó con mucho esfuerzo y cuidado, pero si lo dejaba caer o lo volteaba, se le derramaría y lo perdería. Tenía que trasladarlo a su casa, hasta entregarlo a su mamá y con mucho cuidado.

Marcial dijo que, si, que entendía y movió la cabeza de arriba a abajo e inmediatamente regreso a la parada del bus, pero en la dirección contraria a la que había llegado, para coger el trasporte de regreso a su casa. Casi seguía siendo la hora pico, porque ir hasta la casa de su tía Mercedes y regresar, en estas mismas condiciones, tomaba un tiempo de media hora a lo sumo. Pero por las particularidades de los hábitos laborales de la gente de la ciudad, las correderas y buses atestados, era porque ya la gente iba tarde. Cuando casi llegaba a su destino en la parada frente a la UCA, le entro ganas de ir a los urinarios de la caseta recién construida de la parada del bus.

Estaba tan urgido por llegar que no se dio cuenta de que la pequeña bujía de cristal color azul, se le había quebrado con el espachurramiento entre los pasajeros del bus y que algunos de los cristales, le habían herido en la pierna, con cortes pequeños, pero algo profundos. Al punto de que cuando entró al inodoro, sangraba con cierta seriedad. Al entrar a los inodoros, el muchacho que cuidaba no se encontraba en su puesto, pero Marcial y este cuidador, se conocían muy bien, ya que en ocasiones el chavalo le cuidaba el puesto, por eso entro con confianza y ni le preocupó entrar sin pagar.

Cuando miró para bajarse el zipper del pantalón, observó que sangraba de la pierna, no sabía porque, no había sentido el corte, pero instintivamente, se limpió con el paquete que llevaba en sus manos, pero el paquete se le escapó de las manos, cayó y se quebró, al darse cuenta que dentro del paquete había algo de vidro que se quebraba al caer, intento levantarla rápido y sin cuidado. Entonces los vidrios que estaban en la bolsa lo cortaron en una mano, era otro corte muy fino con los vidrios de la bolsa.

Marcial solo se dio cuenta de esto cuando sangraba, entonces puso la bolsa en el lava manos que estaba seco, luego hizo su necesidad y se pasó la mano por donde sangraba, pero se apoyó en la pared con la otra mano, muy preocupado por la cantidad de sangre que salía de su cuerpo, salió de aquel baño público, algo asustado rumbo a su casa.

Marcial no le tomó demasiada importancia al asunto, porque no le dolía, pero pensaba que nunca le había pasado algo así y estaba muy asustado, cogió su bolsa tomándola con cuidado porque estaba rota y goteaba mucho, salió rápidamente hacia su casa que estaba a unas dos cuadras de distancia.

Sangraba de una pierna, la abundancia de sangre que le salía de esta pequeña herida que, aunque no era peligrosa, pues era muy superficial puso a esta pobre mujer al ver a su hijo en esas condiciones, muy preocupada, le pregunto que le había pasado. Luego de que Marcial le explico que se le había quebrado algo dentro del bolsillo de su pantalón, los vidrios lo habían cortado en la pierna, pero al llegar a un inodoro de la parada del bus, la bolsa que le dio su tía, se le cayó al piso y también le corto la mano, su mamá le miro la sangre que ya le había manchado el pecho y el pantalón, entonces con cierto miedo, lo regaño muy enojada, luego le quito la bolsa rápidamente, observo que estaba rota y se fue a la cocina, donde seguía diciéndole que era un descuidado.

Miró con cuidado a Marcial y se preocupó aún más al verlo sangrar, lo envió a quitarse el pantalón para ver lo que tenía, revisó con cuidado, miró que no eran heridas graves, pero se preocupó, ya que esto significaba que su hijo podría tener alguna situación anormal que le provocaba este tipo de sangrado abundante. Rápidamente se preparó para salir inmediatamente para el hospital. Le puso un trapo limpio a manera de gasa para que Marcial detuviera aquel sangrado de la pierna, mientras ella se cambiaba los zapatos y salía rápidamente hacia el centro de salud que estaba a 2 cuadras al sur de su casa.

Al llegar, una enfermera atendió al muchacho y luego de curarlo, le dio cita para llegar la semana próxima, para que lo atendiera un especialista quien llegaría una semana después de este día por la mañana. Luego de que doña Tina vio que la situación estaba controlada, comenzó a regañar a su hijo, por ser descuidado y echar a perderlo que le había mandado a hacer. La comida que esta mujer tenía planeado hacer era una comida tradicional llamada "pebre de cerdo".

Las 2 cuadras que separaban el centro de salud a su casa, fue regañando al muchacho, quien solo callaba con la mirada en el suelo. Cuando que llegó a su casa, reviso el paquete que le había enviado Mercedes, su hermana menor. Luego de revisar y lavar una y otra vez, pudo determinar que aquellos pedazos de cabeza de cerdo no tenían trozos de vidrio, que aquella botella se había quebrado en un solo pedazo puntudo y después de tocar y pasar su mano por todas las piezas y asegurarse de que no había peligro, comenzó a preparar el caldo de pebre que le daría de comer a sus hijos y vendería en el barrio.

Mientras tanto, en la policía no daban con la solución de aquel asunto, porque las muestras que habían recogido y transportado uno de los agentes de investigación, resultó que estaban contaminadas. Después de varios análisis y muestreos, el técnico del centro de investigación comunicaba a su jefe que había que regresar al sitio, porque las muestras que le habían llevado estaban contaminadas con lodo y sangre de cerdo, entonces el jefe ordenó que se movilizara al lugar e hiciera su trabajo.

Este laboratorista, al llegar al sitio y le permitieron ingresar al cubículo del inodoro observó que había mucha sangre, lodo y agua en el piso, también había unas manchas de sangre en las paredes que alguien las había hecho con las manos al apoyarse en la pared, era como que una persona intentaba limpiarse la sangre que tenía en sus manos. Tomo sus herramientas y con un hisopo de algodón que mojó con un líquido de un frasquito que tenía una sustancia transparente, lo paso por las manchas que había en la pared.

Luego con un gotero, tomó unas pequeñas muestras del líquido en el piso, también tomó muestras de la sangre que había en la tasa del baño y para cada caso, lo metía un frasquito y lo rotulaba con un marcador. Esto era algo que no hizo el primer técnico que llego al sitio, cuando aún todo estaba fresco, luego lo metió todo en un bolso en unos compartimentos del mismo.

En esta ocasión el oficial pasó más de una hora haciendo este proceso, luego tomó una serie de fotos de todo el lugar, ese día y parte del otro, este laboratorista paso analizando sus muestras y sus fotos, con la ayuda de otros dos colegas y al día siguiente, ya tenía un informe completo que entrego a su jefe.

Mientras tanto la prensa hablada y escrita, buscaba información. Preguntaban a las autoridades sobre el asunto. A estas alturas, habían pasado más de 36 horas, algunas personas en la calle decían que aquello podría ser una pasada de cuentas del narco tráfico, incluso había personas que decían haber estado en la parada del bus y decían que había sido una matanza, pero que lo extraño era que no habían encontrado ningún cuerpo, todo era muy confuso y raro decían.

Al tercer día, ya el asunto estaba incontrolable, por otra parte, las autoridades no podían creer que pasara este tipo de cosas en la ciudad, Tanto trabajo para garantizar la seguridad del país y este asunto ya perecía un descuido inaudito, que pasaba en las narices de las personas. Las autoridades superiores de la policía empezaron a movilizar a muchos agentes para averiguar en las cercanías de la parada del bus. Muchos grupos de policías fueron movilizados para investigar en el barrio El Transfer, preguntaban si habían visto a alguien herido.

Hasta que llegaron a la casa de doña Tina, cuando llegó el grupo de policías, encontraron a Marcial y le preguntaron su había visto a alguien herido, si conocía a alguien que estuviera herido en su casa. El muchacho dijo que, él se había provocado una herida tres días atrás, con una botella que se le había quebrado y mostro la pequeña heridita que se había hecho el vidrio en una de sus piernas. Los policías miraron aquello y al ver lo que les mostraba, no se interesaron más y se fueron hacia la otra casa.

El jefe, tomó el informe y llamó a su superior, inmediatamente se movilizaron varias unidades de policías en grupos de dos para investigar en el barrio y alrededores. Luego de varios días de andar buscando al herido, al dueño de aquella sangre, no encontraron a nadie y ya daban por perdido el caso, se había complicado el asunto a tal punto que no encontraban salida. Era muy difícil encontrar al dueño de aquella sangre.

Cuando Marcial se repuso completamente, un día fue a visitar a su amigo, el cuidador de los inodoros de la parada. Luego de platicar sobre lo que le había pasado le dijo a este muchacho que lo disculpara por la cochinada de sangre que le había dejado la última vez que llegó. El cuidador no entendía lo que su amigo le decía. Y le preguntó cuando había sucedido aquello, el respondió el día exacto del suceso, ya había pasado tres semanas, al medio día, cuando la parada estaba repleta de gente.

Luego le explico que se le había roto una bujía que llevaba en la bolsa del pantalón y luego la bolsa de papel, donde llevaba un frasco de vidrio con una cabeza de chancho dentro, se le cayó en el baño y se quebró, pero solo se dio cuenta hasta que se cortó la mano.

Él solo se dio cuenta hasta que se bajó del bus, pero que, al verse tanta sangre, llegó al inodoro, pero que no había nadie cuidando. Cuando se lavaba con agua, al apoyarse en la pared dejo manchas y que también empezó a salirle sangre a la bolsa donde estaba la cabeza de chancho, luego miro que le salía mucha sangre de las manos y la pierna, se asustó y salió corriendo a su casa, luego su mamá lo había llevado al centro de salud, allí lo curaron.

Entonces el cuidador del baño llamado Pedro, que era el que había llegado respondiendo a la llamada a gritos de Milton le preguntó:

- ¿No te diste cuenta del alboroto que hubo ese día? –

- No. No supe de nada. Dijo Marcial, ¿Qué fue lo que pasó? -

Luego, Pedro llamó a Milton, se pusieron de acuerdo en llamar a la policía y mientras esta llegaba, entre los dos le contaron al muchacho sobre todo lo que había pasado, y que solo hasta ese momento este chavalo, quien había provocado aquel alboroto, se enteraba de todo. Ese mismo día, llegó uno de los agentes del laboratorio a investigar algo más, se encontró con aquella historia.

Luego este policía comunicaba a su jefe, este oficial envió a la casa de doña Tina una patrulla con policías, luego de conocer todos los detalles del asunto, procedieron a tomar una muestra de sangre del muchacho.

Doña Tina daba explicaciones de cuando un oficial de policía había llegado a su casa y ella misma le había contado de las heridas de su hijo, pero no le habían puesto mente, dado que las heridas eran insignificantes. Después de hacer todas las averiguaciones y encontrar que la sangre humana coincidía con la de Marcial, el caso se aclaró, se dio una conferencia de prensa a nivel nacional y se descubrió, además, que este muchacho tenía una condición de salud llamada "trastorno hemorrágico", que podía llegar a parar en hemofilia.

Luego explicaron que por eso habían encontrado tanta sangre en el inodoro de la estación de buses, por tanto, el caso se daba por cerrado y hacían recomendaciones a doña Tina para que llevara a revisar a su hijo en el hospital.

FIN

Autobiografía resumida de un desconocido

Mi nombre es Carlos Alberto, soy un hombre trabajador del campo la ciudad y de todo lo que me salga para conseguir recursos para vivir, soñador, con muchas deficiencias, equivocaciones y problemas, como todos los seres humanos, pero confiado en mi determinación, mis capacidades, creencias, compromisos y el deseo por ser autosostenible, esto, creo que es un asunto de vergüenza y masculinidad.

Siempre he sido alguien con ciertos miedos, pero también, determinado a salir de todas las situaciones que me impiden alcanzar mis metas y objetivos personales, es decir, con miedo muchas veces, pero decidido a luchar por suplir mis necesidades básicas.

Firmemente creo que alcanzar estas cosas, es el éxito, por eso me considero exitoso, aunque a veces fallo. Pero no tengo más remedio que seguir intentando todos los días de mi vida para vivir. Desde joven he luchado por insertarme en la sociedad donde nací y los retos nunca se acaban. Desde niño he estado luchando contra afecciones y enfermedades, empecé a hablar a los 10 años, me cuesta aprender palabras nuevas, se me dificulta formar oraciones para explicar algo complejo, nunca he sido bueno con la lectura, la escritura, ni los números, nunca pude aprenderme las canciones.

Durante mi época escolar se me hizo muy difícil comprender la diferencia entre una letra b y una d, cuando escribía algo, aunque solo fuese copiando un texto, siempre intercambié una con otra, ya que para mí eran lo mismo. A todo esto, ahora que tengo 30 años, me estoy enterando que siempre he padecido de dislexia. Una condición incurable, pero creo que para las cosas que hago para vivir, la he vencido, porque las cosas que realmente necesito para trabajar, las he aprendido bien y con ellas me sostengo.

Quería tener una carrera en ingeniería, porque eso era lo que deseaban mis hermanos mayores, yo pensaba que, con una calificación de ese nivel, podría insertarme mejor en el mercado laboral. Pero por mis múltiples complejos existenciales de esos días previos a conocer con exactitud lo que me sucedía, me hacían sentir inferior, algo que he logrado vencer, dando pasos lentos, pero seguros en las cosas que hago. Pensaba que solo así podría llegar a tener éxito y así ha sido. Nací en una familia pobre, conformada por dos mujeres como cabezas de familia, en una sociedad donde las mujeres tienen pocas o reducidas posibilidades de éxito económico.

Esto también ha determinado ciertos aspectos de mi vida. Creyendo que todas estas limitaciones, eran algo natural, exclusivo y reservado para las personas de mi condición económica. Con mucho esfuerzo y en escuelas públicas, con nivel de calidad muy deficiente a nivel de Centroamérica.

Estudie la primaria y una parte de la secundaria reglamentaria en el país, seis años de primaria y cinco de nivel secundario, a pesar de que un médico, había diagnosticado que con mucha dificultad llegaría a un 2do grado de nivel primario, pero haber superado las expectativas de este doctor, me ha provocado un sentimiento de éxito. Por eso creo que lo que alguien declare contra una persona, no debe ser una sentencia lapidaria para la vida de alguien.

Mi situación económica siempre ha sido deficiente, precaria no me alcanza con lo que gano como vendedor ambulante de ropa, o como cualquier otra cosa que puedo hacer, para vivir holgadamente, tengo dificultades para pagar todo lo que necesito como alimentos, transporte y algunas comidas que debo comprar en la calle cuando trabajo. He iniciado a estudiar la carpintería, un oficio que me atrae fuertemente. El costo para mantenerme activo estudiando y siendo efectivo en mis clases es grande, por la serie se asignaturas obligatorias que debo cursar. Por otra parte, los horarios cruzados que hay que cumplir.

Prácticamente debo permanecer todo el día tres veces a la semana, como mínimo para poder cubrir y cumplir al cien por ciento con mis obligaciones de estudiante. Pero, ¿cómo hacer es este caso para trabajar por la comida? Es muy difícil. Para ir a las clases, tengo que coger un autobús que pasa a las tres cuadras de mi casa y tardaba al menos 2 horas en pasar. Salir rumbo al Politécnico con solo un pan y un poco de leche en el estómago, luego estar al menos 6 horas en clases. En otras ocasiones solo podía tomar un fresco de pinolillo, una bebida de avena con agua y en otras ocasiones, un vaso de café.

La costumbre en el caso del desayuno en este país, es una comida fuerte compuesta de gallo pinto, huevo frito, queso, tortilla o pan y una taza de café u otro tipo de bebida. Luego de varias horas de clase en su aula, llegaba la hora de almuerzo, pero normalmente no tenía dinero para eso, pero si lograba ir a la casa de mi abuela, dónde podía comer, las deficiencias del transporte de los años 80 en Nicaragua, no me lo permitían, por tanto, pasaba en ayunas varias horas, junto a la deficiente atención a las clases. Si acaso podía irme de clases e ir donde la abuela, difícilmente podía regresar a la siguiente clase que iniciaba una hora después del receso para almorzar.

Perder una clase, era equivalente a no poder entregar tareas, ejercicios que normalmente dejaba el profesor de la asignatura o no asistir a una clase práctica en el taller, algo sumamente importante para mi formación, porque estudiar una carrera de este tipo, era vital saber trabajar con las herramientas, las máquinas y todas esas cosas.

La primera semana, pude aguantar aquella situación de hambre y rendir más o menos en los estudios de esta carrera técnica, pero esta situación me resultaba extremadamente difícil. Después de cuatro meses en esa situación, no podía rendir apropiadamente en los estudios. Los resultados de mis notas comenzaron a ser deficientes solo al final de las primeras evaluaciones, mi promedio era de veintiuno sobre cuarenta puntos. Solo un cincuenta por ciento de lo que debería rendir y por lo que miraba, no podría superar con éxito este curso.

Algunas veces, lograba ahorrar unos cuantos córdobas que es la moneda de Nicaragua y con esto a la hora del almuerzo llegaba dónde una señora ubicada en la entrada del Politécnico quien vendía comida casera, enchiladas y algunas otras comidas típicas del país como gallo pinto, uno o dos tipos de carne, aguacate, tacos, queso y tortillas, era como una especie de buffet callejero. Ella vendía a las personas un almuerzo en unos pedazos de hojas grandes de plátano, esto lo usaba como plato descartable y biodegradable. En esta hoja era dónde servía a sus compradores, que en lo fundamental eran estudiantes, trabajadores del politécnico y gente de la calle entre otros.

Lo que pedía el cliente tenía un costo variado, porque era según lo que se servía. Lo normal y más barato estaba entre los 10 y los 15 córdobas, pero podría ser más, cuando el cliente le echaba de todo lo que la señora tenía a disposición en su buffet. Entonces cuando el hambre me apretaba y ya casi miraba hombrecitos azules, llegaba dónde esta señora con 6 o 5 córdobas, a su puesto de comida y le preguntaba:

- ¿Qué me puede vender con esta cantidad de dinero? –

La señora me miraba y con mucha lástima, miraba, mi dinero, miraba la pana donde aún tenía para 1 o 2 servicios y me decía:

- Espérate a que venda un almuerzo más y te voy a dar algo. –

La espera en ocasiones era de casi una hora para vender ese último servicio, pero al final, la recompensaba valía la pena. Con un par de pedazos de hojas de plátano más grandes que un par de manos juntas, me echaba porciones pequeñas o medianas de toda clase de manjares. Eran las sobras de todos los tipos de comida de la venta de ese día, pero, ¡Que montón y que delicioso féstin me daba con aquella comida!

Claro, no era un festín de todos los días, fueron como diez veces o quizás un poco más, las ocasiones que hice aquello, ya la señora me conocía el nombre y algunas desgracias de mi vida, yo la llamaba doña Mina, porque su nombre era Guillermina. Me salvó la vida muchas veces, en muy pocas ocasiones me dijo que ya había terminado todo lo que llevó a vender, y que ya no tenía nada, muy pocas, siempre me daba algo más valioso de lo que podía comprarle. Siempre me daba algo para compensar. Nunca me dejo en ayunas, sin nada, ella era mi ángel de la guarda.

Al final del primer semestre del primer año de la escuela Politécnica, había reprobado 4 de las 5 signaturas del semestre y esta era Taller de Carpintería 1, tenía oportunidad para hacer un rescate. Pero para esos días llegó un grupo de la Fuerza Aérea de Nicaragua, buscando jóvenes que desearan convertirse en pilotos de aviones de transporte y helicópteros. Sin pensarlo dos veces, acepté esa invitación. Luego pasé un entrenamiento y un examen médico súper riguroso en las instalaciones de una academia militar del país.

El entrenamiento físico y examen médico fue por el tiempo de un mes y medio y al final me dijeron que no era apto para ser piloto. En ese momento muchas cosas se me hicieron confusas, todo se me vino al piso. Pero recordé, que, a mí, las cosas nunca se me han dado fáciles. Lo bueno de todo aquello fue el diagnóstico médico que me hicieron, allí me entere de mis padecimientos, porque en ocasiones no entendía las razones por las que no podía aprender cosas como los chavalos de mi edad.

Pero, ahora conociendo mis capacidades reales, podía enfrentar la vida con otro enfoque, una perspectiva diferente. Ahora me daba cuenta que si aprender a leer perfectamente era extremadamente difícil para mí, era por la dislexia y no simplemente por no esforzarme y falta de interés de mi parte. Es decir, no era bruto por ser haragán y aunque eso me daba cierta justificación, me demandaba un esfuerzo mayor, para vencer aquella condición de salud.

He aprendido a hablarle a las mujeres, que son un enorme reto para mí, ya que no las entiendo, pero ahora, no me mortifican los resultados con ellas. Ahora me vienen a la mente los días de la escuela, tanto primaria como secundaria. Porque en la escuela había todo tipo de abusadores, quienes me hacían la vida de cuadritos. Se burlaban de mí, pero nunca lo hacían uno a uno, se tenían que armar de valor entre varios, quienes acuerpaban al abusador principal. Pasaron muchos años, hasta el año cuando llegué al 2do año de secundaria.

La escuela era la misma, donde inicié como estudiante, siempre fui de los más retrasados, aprendí a leer hasta casi los 10 años, pero luego de mucho esfuerzo logré leer, cancaneado, pero gracias a mis hermanas la práctica era constante y permanente. Luego otra cosa difícil fueron los números, ¡Que asunto más complejo y difícil eran las matemáticas!, pero lo más difícil era socializar con los demás. Las personas siempre buscaban como burlarse de mí, tanto hombres como mujeres quienes no soportaban que me les acercara, mucho menos que les dirigiera la palabra.

Para ellas era como un leproso. En la secundaria en el primer año, algunos compañeros de clase desde el 1er grado me dirigían la palabra y en algunas ocasiones me invitaban a jugar con ellos. Pero a algunos se les salía su intolerancia hacia mí. Yo no sabía pelear, como lo hacían algunos de los más populares de mi aula de clases, por eso mejor me quedaba callado con los insultos y bromas pesadas que me hacían. Pero un día, me invitaron a jugar una variante de beisbol con bola de tenis, se bateaba con la mano y luego todas las reglas del beisbol se aplicaban. Yo había aprendido observando, porque casi nunca me invitaban a jugar.

En una de esas, al tocar mi turno de bateo, la pelota picó, según mi apreciación, dentro de la línea en terreno valido. Pero un pequeñín, muy habilidoso y rápido dijo que era faul, pero se me vino encima contradiciendo mi observación, pero de forma violenta, con golpes rápidos a mi cara, yo trate de defenderme respondiendo a sus golpes, pero no podía darle, era un chavalo demasiado ágil. Ya me había dado unos 10 golpes en la cara, entonces no tuve más remedio que detenerlo, lo agarre de la camisa y le propine un solo golpazo en centro de las cejas y le comenzó a brotar un chichote morado. Solo así logré calmarlo y de paso que aceptara mi apreciación.

Desde ese día, se propagó como peste, aquella escena de combate, las burlas y el menos precio se acabó para mí, deje de ser el leproso de la escuela los compañeros de clases, ahora escuchaban y respetaban mis opiniones en clase. Las muchachas ahora no se apartaban de los asientos cercanos al mío. Algunas incluso al ver mi dificultad con alguna tarea durante la clase, se asomaban a mi cuaderno y me explicaban como hacerlo mejor. Fue un cambio sustancial en mis relaciones sociales.

Pude apreciar también cambios de actitud hacia mí, de parte de algunos docentes y personas adultas, quienes ahora trataban de ayudarme sinceramente. Desde esos días comprendí que todo tenía que ganármelo con esfuerzo, valor, fuerza de voluntad e inclusive a los golpes, ahora comprendo que la vida no es fácil para nadie y menos para las personas como yo, con capacidades diferentes. La gente no entiende a los débiles, no ayuda a los que no tratan de ayudarse a sí mismos.

Hay que luchar en todos los campos de la batalla de la vida, el valor se demuestra luchando, esforzándose, la lucha por vivir es dura y todos nos convertimos en guerreros o en víctimas, no siempre es fácil entender lo que nos pasa y menos cuando a la familia de uno se le hace imposible ayudarle. Muchas veces es necesario saber lo que nos pasa, entenderlo, a nuestro favor, porque, aunque no lo creamos, todo actúa para bien de nosotros.

En ocasiones, también requerimos de ayuda profesional, pero cuando ésta no es posible conseguirla, el esfuerzo personal es la ayuda más importante que podemos conseguir. Para finalizar, cuando la motivación que te impulsa se acaba, busca otro motor, como la disciplina, por ejemplo, ésta es quien debe sustituirla como fuente de empuje, pero hay que seguir viviendo.

FIN.

Héctor Guillen N.

La jubilación ha llegado, es hora de retirarse

Rafael Ruiseñor, ciudadano nicaragüense, casado con Ofelia Rivero profesora universitaria cubana, que había llegado a Nicaragua en el año 1978, una mujer muy dedicada a su profesión. Rafael, como todos los días de su vida adulta, se levantó muy temprano. Había pasado buena parte de la noche pensando sobre escribir su carta de renuncia a este trabajo, donde había estado ya por casi 30 años.

Hizo su rutina mañanera de más de 45 años, unas cuantas calistenias para despertar las articulaciones, doblo la sábana con la que se cobijó, arregló la cama, luego tomo sus 4 vasos de agua de todos los días para hidratar su cuerpo, hizo sus necesidades y se dio la ducha mañanera de siempre.

Nada era diferente en este día, excepto que hoy había tomado la decisión de someter sus papeles para su esperada jubilación. Por fin, después de 10 años de estar escuchando la cantaleta de su esposa Ofelia quien ya quería salir a disfrutar vacaciones, había grabado eso en su mente y hoy se levantó decidido a cumplir su deseo, hacerlo realidad.

Pensaba en conocer el mundo, desayunar en lugares bonitos, que le sirvieran en la mesa y arreglaran su cama, descansar en un hotel bonito, con piscina, sueños que miraba muy lejanos. Ella tenía más de 12 años de haber solicitado y conseguido su jubilación y no soportaba seguir encerrada entre las paredes de la casa.

Ella, después de haber cumplido los 55 años de trabajar como docente universitaria de la especialidad de Matemáticas, pidió su retiro para irse a descansar. Pero su esposo Rafael tenía disponible su retiro hasta cumplir los 65 años, y ese día era hoy. Por eso solo hasta que llegó a esa edad, pudo solicitar su retiro. Después de tanto tiempo trabajando en esta empresa, haber estado en todas las situaciones y los vaivenes económicos del país, donde en muchas ocasiones, el negocio estuvo a punto de quebrar y milagrosamente se volvió a levantar, se sentía parte de todo.

Después de 40 años de matrimonio habían procreado 4 hijos, estos ya tenían sus propias familias y entre todos los nietos sumaban 8, entre niños y niñas de diferentes edades. De vez en cuando se reunía toda la familia para celebrar cumpleaños, darse apoyo cuando alguno de los miembros de esta gran familia tenía algún problema o alguien se enfermaba. Acababa de pasar la pandemia del Covid-19, por lo que después de un largo periodo de no verse, las visitas habían empezado poco a poco.

Este día, que Rafael había tomado la decisión, no le conto nada a su esposa, pero el retiro de este hombre que ya estaba en los 65 años recién cumplidos, durante todos los días del último mes, había sido el tema favorito de su esposa. Ella era cubana y ya se imaginan ustedes como eran las letanías diurnas y nocturnas, pidiendo a este hombre que ya era hora de jubilarse, para salir a visitar a su familia que aún vivía en Cuba y viajar por el mundo.

Otra cosa que ahora tenía de diferente el contenido de las letanías, era que deseaba viajar. Eso le empezó a después de un sueño que ella tuvo. El sueño era que, ella se había muerto y como ella expresó en una ocasión, quería que la cremaran, después de sus funerales, Rafael empezó a querer viajar a otros países y como él le había prometido ir con ella a donde fuera, ahora cogía un poquito de sus cenizas, las echaba en un frasquito que colgaba de su cuello y al llegar a su destino, tomaba el frasquito, lo abría y regaba las cenizas de Ofelia, para que ella también estuviera allí.

Ese día se despertó asustada y dijo, eso no va a pasar nunca. Y ahora presionaba con más determinación para que su marido buscara la forma de que se fueran de vacaciones. A viajar por el mundo a conocer otros lugares, pero en vida, mientras pudiera respirar y moverse. Nada de ir a visitar otros países en forma de polvo, ella no quería ir esparcida como tierra por todo el mundo. Ahora quería ir, en este momento que estaba viva y sana, para poder ir sin dificultades para comer o caminar.

Decía que ya todas sus primitas se estaban poniendo viejas, que cuando se decidiera a ir, las visitaría en el cementerio, que sus tías ya eran unas ancianitas y algunas ya se habían muerto. En fin, era una letanía similar constante, de casi todos los días. Cuando llegaban sus hijos con sus esposas, les ponía quejas de que ya deseaba salir de vacaciones, quería conocer algunos lugares de Latinoamérica como Machu Pichu, Punta Cana, Guatemala, las ruinas de los Mayas, también deseaba conocer Italia, Francia, España de donde eran sus abuelos maternos que se habían muerto y ella, no pudo ir a la vela ni al entierro de sus queridos viejitos. Decía estas cosas, mientras suspiraba o derramaba alguna lagrimita de frustración.

Ofelia todo lo hacía un drama y Rafael, casi acostumbrado a escuchar las quejas de esta mujer, se hacia el desentendido. El creía que aún tenía mucho que hacer y aportar en esta empresa de reparaciones automotrices, venta de repuestos y artículos de riego. Era una empresa que con el paso de los años y por diversos vaivenes económicos, había incorporado productos tan disímiles al giro de negocio original. Al inicio, esta empresa se dedicaba a compra y venta de zapatos al por mayor.

Pero cuando el negocio de zapatos se venía al suelo, alguien dentro de la dirección de la empresa consideró que podría ser una buena idea de negocios, poner un taller de enderezado y pintura de vehículos, la cosa en el país estaba tan mala que la gente buscaba como reparar sus vehículos, en vez de comprar uno nuevo y los zapatos continuaron vendiéndose porque, además, había muchos empleados y no era rentable despedirlos y pagar indemnizaciones. Pero después a alguien se le ocurrió que se empezara a vender piezas de repuesto para vehículos, ya se tenía un taller, allí mismo se venderían los repuestos.

Luego alguien pensó en poner una cafetería dentro de la misma empresa, así los empleados podían comprar algunas meriendas y el dinero siempre estaría dentro de la empresa. Luego se determinó que aquella cafetería debería ser parte de la empresa, porque la gente fiaba todos los días y daba autorización para que se le descontara de su salario, fue tanto el dinero que se le debía a la cafetería, que el dueño comenzó a solicitar adelantos para poder comprar reposterías, café y todo lo necesario para poderles fiar a los empleados, que el gerente decidió que la empresa pondría en funcionamiento su propia cafetería.

Allí trabajaba Rafael, era uno de los empleados administrativos y siempre estaba pensando, como hacer para que la empresa creciera, cada semana había reunión de creatividad para buscar clientes, hacer que los talleres de reparación, enderezado y pintura fueran más rápidos y eficientes en la producción, tratar de que los consumidores internos de la cafetería, buscaran la manera de fiar menos y compraran en efectivo, para poder hacer que el dinero invertido en esto realmente produjera rentabilidad, en fin, Rafael, siempre estaba pensando en algo para beneficiar a la empresa.

En el caso de Ofelia, ella 10 años atrás se había jubilado de una de las universidades de Managua, era una profesora muy emprendedora, buscaba la manera de que sus alumnos comprendieran la geometría analítica y descriptiva, estos estudiantes odiaban las matemáticas por ser algo abstracto, aburrido, pero con esta profesora estudiaban las matemáticas con diferentes figuras geométricas, como los elipsoides, paraboloides, hiperboloides a través de maquetas, lo hacía muy práctico, ya que los estudiantes de arquitectura tenían inclinaciones prácticas, por lo que ellos entendían mejor las matemáticas con estas cosas.

Para los estudiantes de computación, en el caso de los movimientos de rotación, traslación, homotecias que son parte las matemáticas en el caso de geometría analítica y descriptiva se las enseñaba con la ayuda de matrices usando Excel o cualquier programa de computadoras, luego a través de la multiplicación de matrices, llegaban a la figura imagen, esto podría ser un cisne moviendo sus alas o un cohete despegando hacia el espacio, etc. Los estudiantes motivados por esta enseñanza, aceptaban esta forma de aprender como un reto y sus clases siempre eran un éxito.

Por lo que siempre fue una profesora amada por sus alumnos, hasta el punto que hasta la invitaban a celebraciones de aniversario de graduados. Pero después de 38 años de docencia, decidió jubilarse para dedicarle un tiempo a su vida. Había empezado a trabajar desde los 16 años en una escuela primaria, luego de graduarse de licenciada en educación con especialidad en matemáticas, se casó con Rafael, a los 2 dos años había parido su primer hijo, dos años después parió al segundo y ya había cerrado la fábrica, cuando llego el tercero y once meses después, estaba embarazada con el cuarto, un simple descuido y casi llega a completar la novena de beisbol.

Rafael se sentía orondo y orgullos por aquel poder de gestación que tuvo en esa época. Decía que esto había sido por las sustancias de garrobo que había estado tomando por esos días. Cuatro (4) varones que cuando comenzaban a discutir, aquello se volvía un campo de batalla. Pero en general entre todos estos muchachos había un amor fraternal muy elevado y firme. Que se demostraba siempre, cuando entre ellos se consultaban por asuntos económicos o cualquier otro problema, sin que sus padres se dieran cuenta y se ayudaban o se daban consejos útiles.

Ahora estos jóvenes estaban casados y con uno o dos hijos y de vez en cuando se juntaban para visitar a sus viejos. Compartir con hijos y sobrinos algunos juegos o una comida. Siempre había alguna reunión al año. Entre ellos se daban bromas de las que sus hijos también participaban, era como una tribu, la tribu de Rafael. También había discusiones que se resolvían con cierta facilidad, porque había disposición a solucionar los problemas, como decía Rafael:

- Todo tiene solución si existe deseo de resolver el asunto. –

Cuando todos llegaban había que estar atentos a las bromas, porque era asunto de buscar la manera de estar riéndose de todo y de todos, hasta Ofelia era objeto de estas bromas. A ella le aterraban los ratones entonces entre algunos de los hijos y los nietos se ponían de acuerdo y decían:

- Por allí vi un ratoncito correr hacia la cocina. –

Los nietos hacían que buscaban al ratón visto y se confabulaban con los tíos para reírse de la abuela, que con mucho miedo se subía a alguna mesa o arriba de la loseta del pantry y pasaba allí por un buen rato; cada vez que alguien que no sabía que estaba haciendo esta mujer allí, llegaba a la cocina, era el hazme reír de todos, allí pasaba Ofelia asustada, hasta que alguna de las nueras llegaba a explicarle que era broma de sus hijos. Todo el día era asunto de buscar la manera de reírse de alguien.

Por las noches, después de cenar y disfrutar de alguna película, cada hijo con sus respectivas parejas e hijos se disponía a irse cada quien a su casa. Entonces los viejos quedaban solos, acompañándose el uno al otro. Así tenía que ser la vida, cada quien a vivir su vida y resolver sus asuntos. Las nueras se encargaban de casi todo en los asuntos de las comidas, del orden y limpieza de la cocina, pero todos colaboraban de muchas maneras.

Pues esta mañana, Rafael, había salido de su casa al trabajo con la firme determinación de poner su renuncia y comenzar una nueva etapa de su vida, "La Jubilación". Por fin enfrentaría todas esas cosas que dicen sobre este momento. De sus antiguos colegas de trabajo, era el primero que se estaría jubilando, pero ya conocía algunos detalles de la vida de otros amigos quienes habían tomado la decisión del retiro. Algunos se habían ido a vivir con sus hijas a los Estados Unidos, otros se retiraron a alguna finca y no los había vuelto a ver.

Por eso, esta etapa de la vida la enfrentaba con cierto recelo, quizás se aburriría hasta lo indecible, quizás no aguantaría el ritmo de su mujer que se pasaba todo el día frente a la televisión o atrasando el trabajo de Rosa la asistente del hogar, que era quien limpiaba la casa, cocinaba, ponía la ropa en la lavadora, en fin, era la que hacía todo. Pero Ofelia, siempre había algo que decirle a la muchacha que tenía que mejorar, aunque lo que le decía era contradiciendo lo que anteriormente había dicho.

Pero así era feliz, ella dominaba todo en su casa. Para ella esto era evidencia de mujer que está al frente y en dominio de su hogar. Como debe ser una ama de casa, porque había parido y levantado a 4 hijos varones, fuertes y activos, como eran sus hijos. Para esa época, trabajaba como una esclava, salía a su trabajo y desde muy temprano levantaba a sus 4 hijos, hacía que se arreglaran para irse a sus respectivas escuelas, preparaba desayuno para todos, dejaba todas las cosas de la casa hechas.

Durante esa etapa, trabajó fuertemente para dejar todo claro y en orden, después las cosas fueron mejorando, pudo contratar una asistente del hogar, luego se jubiló de la universidad y comenzó a disfrutar su casa, la cual habían comprado varios años atrás y prácticamente, solo llegaba a dormir. Sus hijos llegaban de la escuela y por la tarde, esta casa era dominio de ellos. Así pasaron varios años, hasta que llegó la fecha de jubilarse y tomo su decisión sin pensarlo, ya que tenía muchas cosas que hacer en su hogar, empezando por disfrutarlo.

Desde el primer día que ya no fue a trabajar, cambio todas las cosas de lugar, decía que solo hasta ahora tenía tiempo para estas cosas, pero que eran arreglos que quería hacer desde mucho tiempo atrás. Cambio de lugar la cocina, las camas de cada cuarto los organizo de otra forma, la sala, todo fue cambiado de lugar. Los hijos le preguntaban dónde estaban ahora sus cosas y las mesas y sillas que siempre habían estado en un lugar determinado, ahora estaban en otro sitio o simplemente ya no estaban, ya no existían. Antes, la casa era dominio de los chavalos, ahora Ofelia era la reina y había que cumplir reglas de tránsito y convivencia.

Ahora, Ofelia se dedicaba a una vida más tranquila, pero en ocasiones, para reclamarle a Rafael por su deseo de seguir trabajando, reclamaba que se sentía aburrida. Ya todos los hijos se habían ido de casa, ya tenían sus hijos, estaban casados y solo en ocasiones de una vez al mes o al año, llegaban a casa. Por eso cada vez más seguido, se le ocurría reclamarle a su marido, porque no salían a pasear fuera del país. Quería conocer lugares que la esperaban en otros continentes, otros países, quería salir a tomarse unas merecidas vacaciones.

El otro asunto era el dinero, solo alcanzaba para ahorrar un poquito y los precios de los viajes, nunca eran baratos. Por este pequeño inconveniente, también se quejaba y vivía soñando con viajar, pero también pasaba soñando con sus películas de amor o telenovelas de la televisión. Pero hoy, luego de un día de trabajo normal para Rafael, regresaba a casa a las seis de la tarde como era lo común, llego a casa entre triste y alegre. Ofelia estaba viendo un capítulo de una de las novelas que miraba.

Ella no había notado nada anormal en su esposo, lo saludó al llegar, le dio el beso acostumbrado y siguió en sus cosas. Rafael se sentó al lado de ella frente al televisor y luego de un rato le dijo:

-    Hoy metí carta de renuncia y ya me la aceptaron, en 15 días, dejo de trabajar para la empresa y paso a ser jubilado. -

Ofelia, escucho aquella noticia, pero por estar concentrada en su novela, no entendió el mensaje. Siguió viendo la novela, pero después de unos minutos que tardó su cerebro en entender el mensaje, volvió la mirada hacia su marido y le preguntó:

-    ¿Qué fue lo que dijiste? ¿Qué ya renunciaste a tu trabajo? -

Luego se levantó de la silla donde estaba y se lanzó a abrazar a su esposo y pedía que le contara todo desde el principio, cómo había sido todo, quería detalles. Quería que Rafael le contara todo, pero con cada detalle especifico. Estaba muy feliz, porque desde los últimos tres años a la fecha, estaba insistiendo en salir y conocer otros países, personas, caminar por las calles de algún país de Europa, respirar otros aires y todo lo que se pudiera hacer, como hacer algunos de aquellos famosos tours. Ya había pasado demasiado tiempo en un solo lugar desde que había llegado de Cuba y ya sentía que había que moverse, no hacerlo cuando los huesos te fallaran o no pudieras caminar, disfrutar ahora que el cuerpo podía hacerlo.

Esa misma noche empezó a investigar y buscar en internet. Cuál sería la mejor opción para ir de vacaciones donde ir fuera del país, porque su ambición era salir al extranjero, por lo menos 3 veces al año, el único pequeño problema era el dinero. Desde ese día ya no pudo parar, a cualquier parte donde iba hablaba sobre viajar, ir a vacacionar, conocer otras culturas, les preguntaba a las personas que conocía sobre viajes y agencias, páginas de internet para averiguar. Era el único tema del que hablaba ahora.

Esa misma noche llamó a cada uno de sus hijos para contarles que su padre ya había solicitado su jubilación. Ahora era asunto de esperar 15 días, para que le dieran su carta de cesantía, llevarla al INSS y esperar por la resolución entre 15 a 45 días más para tener todos sus derechos. Desde esa misma noche, Ofelia inicia una búsqueda implacable de destinos para ir de vacaciones buscando con los criterios, que sea un lugar bonito, barato, que nunca hayan ido ninguno de los dos.

Se acostó muy tarde buscando en internet opciones de visita, a la mañana siguiente hizo varias llamadas a diversas agencias de viajes, siguió buscando en páginas para viajes de placer, en una de tantas se encontró con una de esas páginas XXX, y hasta se sorprendió de las cosas que allí se hacían las personas. Se quedó petrificada por lo que miraba, pero también mirando a todos lados, para ver si alguien la estaba viendo, cerró por un momento la computadora para reponerse de aquella impresión.

Después de muchas horas de incansable y más de una semana de búsqueda en muchas páginas y viendo videos de YouTube sobre consejos de viajes y posibles sitios, encontró 3 posibles opciones que escribió en un papel, que de inmediato presentó a su esposo Rafael. Una era una excursión a Machupichu, la segunda era ir a España viajar a pie por la campiña española por dos semanas, alojándose en diferentes hoteles que se encuentran en la ruta y la tercera, ir a un hotel en República Dominicana, con alojamiento en un hotel de Punta Cana.

Hasta allí, todo se miraba bonito, por lo que Rafael pregunto por los costos de cada una de esas opciones. Ofelia le dijo que cada variante vacacional tenía un precio diferente, y para ellos como pareja era así. La primera costaba 3 mil 500 dólares incluyendo pasaje por avión clase turista, para dos personas, por una semana, alojamiento en un hotel 4 estrellas, las 3 comidas del día y dos excursiones en autobús a conocer las ruinas de Machupichu.

La segunda que era caminar por una ruta en la campiña española llamada Senderismo de Monserrat, además, incluía caminatas a través de puentes colgantes de la zona, visitar a lugares históricos, etc. esta tenía un costo de 4 mil doscientos dólares incluyendo avión hasta Madrid, España, el pago del guía, comidas, alojamientos en hostales económicos de la ruta, etc. El inconveniente aquí era que Rafael y Ofelia ya tenían más de 63 años cada uno de ellos, siempre fueron sedentarios y las rodillas no perdonan este detalle.

Y la tercera opción, era un viaje en avión en clase turística, hotel que incluye todo, a la orilla del mar, piscinas y yacusis por el precio de 3 mil 800 dólares la pareja, parecía que esta era la mejor alternativa, pero también había que hacer algunos gastos extra, como comprar ropa para el ambiente del lugar, zapatos adecuados, porque Rafael por sus juanetes tenía que comprar unas sandalias que le ocultaron los pies, entonces también había que incluir una visita al podólogo.

Para ninguna de las opciones había dinero, por lo que harían uso de la tarjeta de crédito y los pagos tenían que hacerse 12 días después que regresaran de las vacaciones. Las 3 variantes eran esos viajes que siempre había soñado con hacer algún día, esta pareja. Por las noches, después de que se fue de la casa el último de sus hijos, cuando les daba por conversar en la cama, soñaban despiertos hablando de viajar por el mundo, Ahora que llegaba el momento, el dinero no alcanzaba.

También había que hacer otros gastos, para Ofelia había que comprar traje de baño, un camisón largo y holgado para no lucir las celulitis, ya que el paso del tiempo y haber parido a 4 chavalos, habían hecho estragos en la figura esbelta y bonita de Ofelia y había que disimularlas con un algo adecuado y elegante. Tenían que comprar medicinas y muchas cosas para hacer el viaje. Todas las compras que necesitaban hacer ascendían a un total de 6 mil 500 córdobas, porque era necesario comprar maletas adecuadas para viajar y no tenían ninguna.

¿Ahora, quién queda cuida la casa?

En la línea aérea le habían comunicado que no se podía llevar mucho peso, solo maletines que alcanzaran como equipaje de mano y con un peso determinado. Gracias a eso, Ofelia descartó una enorme maleta vieja que usó la última vez que viajo a visitar a su hermana en Cuba. Fue una preparación intensa de compras de cosas, ropa, medicinas, etc. Muchas cosas, pero que cumplieran con los requisitos de peso y tamaño.

Ofelia, haciendo malabares financieros había logrado ahorrar el 50% del costo de las vacaciones, a través de ahorros mensuales, vendiendo algún servicio, dando algunas clases a los jóvenes universitarios del barrio donde vivían, luego tenían que ponerse a producir la diferencia del costo de las vacaciones para no estar en problemas. Rafael realizo algunas tareas de consultoría para la compra y venta de autos, piezas de repuestos, servicios de enderezado y pintura con lo que había ganado un poco de dinero.

Luego se les ocurrió que deberían llevar algo de dinero para algún gasto mínimo de cositas, un souvenir o un regalito para los hijos, por lo que la cantidad necesaria para llevar se hacía cada vez más grande y difícil de conseguir. Los hijos que miraban todo aquel revuelo le decían a su mamá que no pensara en esas cosas, que para ellos era más gratificante que ellos disfrutaran de esas vacaciones, que fueran felices. Ellos no querían más.

Pero al final, el dinero no daba y tuvieron que pedir un préstamo a sus hijos. Ellos entre todos lograron poner la diferencia de lo que les faltaba y casi dos meses después, ya estaba listo todo. Solo llevaban un poco de dinero para emergencias de taxi y comida. Después de eso, completamente palmados, sin nada de dinero. Pero nada de eso detuvo a esta pareja de adultos mayores que aún se sentían fuertes para viajar a cualquier parte del mundo, disfrutar y conocer.

Ahora que ya estaba decido donde ir, como pagar el viaje y contar con todo lo necesario, había que resolver un asunto de la seguridad de la casa. ¿con quién dejamos la casa?, dejarla sola, sin nadie que se hiciera responsable de estar cuidando, era como dejar una invitación a que entraran a robar, había que conseguir a alguien que se quedara por una semana cuidando la casa. Cada uno de los hijos tenía su vida propia, con sus situaciones y problemas.

Eso fue otro asunto del que Ofelia comenzó a planear y considerar todos los pros y los contras. Pero dejar sola la casa, no era nada bueno. No era por los vecinos, porque estos eran magnificas personas, pero ellos trabajaban, casi no permanecían en casa y los dueños de lo ajeno, son analistas de situaciones. Seguramente, se darían cuenta de que en la casa no había nadie y no tendrían ningún impedimento para meterse y dejarlos sin nada de valor.

Inicialmente consideraron pedirle a Mauricio hermano menor de Rafael, que se quedara en la casa por una semana, porque ese era el tiempo que duraban las vacaciones en Punta Cana, debido a que este, joven de 40 años, que nunca se había casado, no tenía hijos, tampoco un trabajo fijo y se dedicaba a andar viviendo relajado, sin compromisos. No era vicioso, pero le gustaban las chicas, era un mujeriego de primera, pero las que más le gustaban eran las extranjeras que llegaban de vacaciones al país. Tenía un olfato para estas mujeres, que hasta parecía que llegaban al país, solamente por él.

Los jóvenes de esta época, no querían casarse, no querían responsabilidad de hijos, solo convivían sin compromiso de ningún tipo. Si se disgustaban por algo, se separaban y ya, no había consecuencias, según ellos. Pero después de las rupturas, pasaban semanas quejándose en las redes sociales, la verdad es que eso era puro cuento. Mauricio tenía dos perros, de los que decía eran sus hijos, pero a los hijos no se les trata como mascotas, requieren mayor nivel de compromiso y responsabilidad y por no querer eso, mejor tenían animales en lugar de hijos.

Después de pensar en el perfil de la persona que se debería quedar a cargo de cuidar la casa, Ofelia empezó a hacer conjeturas de los que podía pasar si Mauricio se quedaba cuidando la casa. Decía que en cuanto su cuñado se viera solo, a cargo de la casa que tan bien cuidada la tenía ella, empezaría a llamar a sus amigotes, hacer fiestas, meter toda clase de mujeres en su casa, se acostaría en su cama a hacer sus desmanes, poner patas arriba todo, usar sus cosas intimas y ni quería ni imaginar cuanto desastre provocaría, así que decidió que este no, este hombre, por mucho que ella lo quería, no era el adecuado a quedarse con su casa.

Ofelia pensó en su amiga Lucila, para que se quedara en su casa, pero solo pensar que esta mujer tenis dos hijos entre los 10 a 12 años, le entró un escalofrío por la espalda que la dejo reflexionando sobre lo que pasaría si la dejaba cuidando su casa, que tanto le había costado obtenerla, pagarla y arreglarla, sin mencionar los sacrificios económicos y descartó de inmediato a esta mujer. Este asunto de dejar cuidando la casa con alguien a quien conoce muy bien, tampoco le cuadraba por ningún lado.

Al final, pensaron que solo era por una semana que dejarían sola la casa y por el nivel de acción de los amigos de lo ajeno en su zona, decidieron contratar a una empresa de seguridad, para que pusiera un guarda quien cuidara de día y de noche. Con esto, aunque era incurrir en otro gasto, satisfacía a Ofelia que tanto estimaba su casa, aunque sabía que si moría no podría llevársela. En fin, el nivel de dinero para irse de vacaciones, cada vez se hacía más grande.

El día que tenían fecha para su vuelo de salida con conexión Managua, Panamá, República Dominicana, también fue motivo para generarse otra nueva tragedia, porque no había quien de los hijos los llevara al aeropuerto. La hora a la que había que estar en el chequeo era a las 12 de la noche, por lo que la hora de estar en el lugar era las 10pm. Por mucho que Ofelia, sugirió cambios y modificaciones de planes, no se pudo.

Al final se buscó un taxi que les cobró casi un ojo de la cara. Era una lástima que a esa hora ya no había transporte público de buses, porque estos costaban solo 2.50 córdobas en realidad una minucia, pero no se podía hacer algo como eso. Luego de llegar, esperar en la fila del punto de control de equipaje, documentos, a Ofelia se le ocurrió preguntar si podían sentarse juntos su marido y ella.

Para estos días post pandemia, los vuelos por avión ya no eran lo mismo de antes. Ahora por la compra de un vuelo clase económica, tenías que comprar también el número de asiento que deseabas tener, ya no daban comidas gratis, cada quien tenía que llevar su almuerzo o algo para comer en el avión. Imagínense que las líneas aéreas se ahorraron millones de dólares quitando una aceituna en los almuerzos, ahora cuanto se ahorraban quitando las comidas, luego quizás vendría en cascada la supresión de beneficios.

En el futuro quitarían el agua o la iban a cobrar super cara, como en los restaurantes, porque en el aire si se te ocurre tener sed, muy pronto será como andar por el desierto, pero en el futuro te morirás de sed en el aire. Rafael estaba pensando en todas estas cosas, cuando les toco su turno para hacer el control de peso de su equipaje, un bolso de mano cada uno y sus tickets y documentos.

Después de muchos años de soñar con estas vacaciones, ahora estaban a la orilla de empezar la vida soñada, viajar, conocer lugares, probar comidas deliciosas, montarse en un avión, en fin, todo lo que significa salir de vacaciones al extranjero, a pesar de cualquier cosa que les incomodara. Porque se podía viajar dentro del país, pero nunca es la misma emoción. Conversar con personas de otras culturas, conocer sus historias, todo eso que hace algo especial salir fuera del país de donde se vive.

En este lugar presentaron sus pasaportes y luego de algunas preguntas, les entregaron sus tickets para el vuelo y les indicaron dirigirse hacia aduana. Allí presentaron sus pasaportes, les pidieron quitarse todo objeto de metal, los zapatos, todas sus pertenencias las pusieran en una bandeja de plástico y en una banda que movía los objetos llevándolos dentro de una caja detectora de metales. Luego de que les revisaron todo lo que andaban, al final de la fila, tomaron sus cosas y se dirigieron a la puerta de embarque.

Al final de este sitio les revisaron sus maletas y les preguntaron por las medicinas, ellos indicaron ser enfermos crónicos, después de la revisión y otras preguntas les dejaron pasar. Luego de esto se pusieron sus zapatos, Rafael, se puso su cinturón, tomaron sus cosas y se dirigieron a la puerta que les correspondía esperar su vuelo hacia unas merecidas vacaciones que esperaron por años. En el sitio, había otras personas que esperaban sentadas muy cerca de la puerta.

En el lugar había un letrero que decía "Gate 8", unos postes metálicos con unas cintas color azul con rojo que impedían el paso a una entrada, a la par estaba un mostrador del mismo color del lugar. La gente se miraba relajada, algunos revisaban sus documentos y tickets, otros leían un libro, otros conversaban. Ofelia un tanto ansiosa y tratando de contener los nervios le dijo algo a Rafael y este se viro para preguntarle, que no le había entendido. Ella le dijo que quería ir al baño.

Rafael le dijo que él también quería ir al baño y ambos salieron a buscar los servicios higiénicos. Al parecer esta pareja estaba un poco nerviosa que les entró ganas de ir a los servicios higiénicos. Cada uno fue al que le tocaba por su sexo, pero a él le entraron ganas de hacer el dos. Llego hasta los baños y se metió en uno de los cubículos con inodoro.

Se sentó y al observar a su alrededor, miro que el cesto de la basura no tenía la tapa movible que normalmente caracteriza estos utensilios para mantenerlos cerrados, este aparato era metálico y estaba destapado, él se asomó y su sorpresa fue que, dentro del recipiente, había una bolsa plástica color blanco con varios fajos de billetes dentro.

Jamás en los 65 años de su vida se había encontrado un montón de dinero como ese. Se levanto rápidamente, para ver si lo estaban vigilando, revisó por todos lados si había una cámara escondida. Hasta se le había olvidado hacer lo que había llegado a hacer al inodoro, metió la mano con cuidado, aunque no había ningún otro papel en este sesto, miro cuidadosamente para luego meter sus manos y sacar aquella bolsa de plástico negro casi llena de billetes de a 100 dólares, en fajos.

Alguien había escondido allí ese dinero y solo hasta que él llego, nadie lo había visto. Volvió a ver hacia todos lados dentro del baño y rápidamente tomo la bolsa sin siquiera ver todo lo que había dentro y la guardo dentro de su bolso de mano color negro. Salió del inodoro, se lavó las manos con mucho nerviosismo en su cuerpo, la sensación era similar a cuando se le bajaba el azúcar, estaba ansioso y desconfiado de todo lo que le rodeaba y salió rápidamente a buscar a su esposa.

Ofelia estaba en el servicio higiénico de damas. Y se dirigió hacia ese lugar, Rafael no quería despertar sospechas, pero su forma de caminar con temblor en las piernas, sentía que lo delataban. Quiso normalizarse, respiró profundamente y caminó tratando de conservar la calma. Volvió a ver a todas partes, busco el baño de mujeres y unos treinta pasos hacia el oeste, llego a la puerta de entrada a los baños de las féminas.

¿Dónde guardamos tanto billete?

Luego que encontró el baño, esperó a que Ofelia saliera, una vez que esta mujer salió. La tomó del brazo y la llevo a un lugar detrás de unas columnas, después de buscar fuerzas dentro de sí mismo y contarle con toda la calma sobre lo que había encontrado en el inodoro, ella pensó que su marido se había vuelto loco. Sospechaba que la presión del viaje, el dinero que estaban gastando y todo el ajetreo de la casa, era demasiado para él, no le creía, luego imaginó que le estaba queriendo jugar una broma y dibujó una mueca de sarcasmo en su rostro.

Al ver esta actitud de Ofelia, recordó que su mujer siempre había sido incrédula, Haberse criado con dos varones bromistas en su casa, la había convertido en una persona desconfiada, porque siempre la tomaban como la tonta, a la que le hacían todas las bromas y al final se reían de ella. Entonces, Rafael abrió un poco su maleta y le mostró el dinero. Ofelia al ver todo aquel montón de dólares en billetes de 100, casi pega un grito de la sorpresa y acto seguido se agarró el corazón. Casi se desmaya del golpe de la impresión que le dio aquello.

- ¿Vez? Te lo dije, pero no creíste. –

Le dijo Rafael, que cerro rápidamente su bolso y se quedó mirando a su mujer que con los ojos tan abiertos como si se le fueran a salir de las orbitas, aún procesaba todo aquello.

Jamás les había pasado algo como esto, ni siquiera, a alguien conocido. Ofelia solo recordaba haber leído que una mujer se había encontrado un dinero en condiciones similares, los había entregado a la policía y un juez al final decidido dárselo a ella. Pero, ¿sucedería lo mismo aquí?

Luego que Rafael cerró apresuradamente el bolso, le pregunto, ¿ahora qué hacemos? No podemos llevarlo, porque en solo el registro de la aduana al entrar al país al que vamos, van a descubrir lo que llevamos, nos van a preguntar de donde sacamos ese dinero y nos vamos a meter en problemas. Y empezaron a pensar que debían hacer, por que deseaban quedarse con el dinero, les hacía falta para pagar sus deudas.

También les agradaba la idea de seguir viajando, ahora sin los problemas de buscar deudas para pagar otros viajes, cada pensamiento los ponía más nerviosos. Sus cerebros pensaban a mil kilómetros por segundo, cada vez se ponían más nerviosos y los temblores en el cuerpo de Rafael se intensificaban. Desde lejos, era evidente que estaban en problemas, ellos empezaron a sentir que toda la gente del lugar los miraba con sospechas.

Rafael, decía muy bajito: - ¿Qué hacemos?, luego decía y ¿si le contamos a la policía del aeropuerto? –

Entonces Ofelia decía, ellos se van a quedar con el dinero que nos pertenece. Este dinero es nuestro y lo necesitamos. Luego cada vez que proponían una solución, se encontraban con una objeción, que los regresaba a contarle a la policía y nuevamente, no les gustaba esa idea.

Con cada una de las variantes que analizaban, sin darse cuenta iban alzando la voz y la ansiedad y los nervios se iban apoderando de Rafael, que, si darse cuenta se estaba sofocando, y el color blanco papel se estaba apoderando de su cara, que decidieron ir a sentarse, pero ahora un poco más alejado de la puerta de embarque. Seguían pensando a mil kilómetros por hora en soluciones, en ideas que resolvieran el problema.

Cada vez, esta pareja se descontrolaba un poco más. Los temblores de Rafael ya se empezaban a notar en su cara, que al inicio se había vuelto oscura y las manos le temblaban. Pero Ofelia era la persona de hierro, ella estaba concentrada en las opciones que tenían, pensaba, pero no daba con una solución adecuada, además, ya estaban dentro de la sala de embarque, aquí no había posibilidades de que salieran libremente.

Ya las discusiones en cuanto a que hacer, se notaba. Pero parecía que discutían, que peleaban, ya algunas personas los miraban. En ese mismo instante un policial del aeropuerto, creyendo que esta pareja discutía, se acercó lentamente y de improviso pregunto, ¿están bien, puedo ayudarles en algo? Rafael que vio esto como si los habían descubierto, dio un salto al ver al policía, puso los ojos en blanco y se desmayó. Cayendo redondito, como si se le sacaron el aire a un muñeco de esos que utilizan poniéndolos en la calle a las afueras de los comercios y los mantienen inflados para que se muevan alzando los brazos.

Ofelia abrió los ojos como si estaba viendo un fantasma y grito a todo pulmón, ¡Rafael, Rafael! ¿Qué te pasa? Y se tiró al piso a socorrer a su esposo. Le quitó el bolso que tenía la correa atravesada entre el hombro y su espalda. El policía, sacó su radio para informar sobre este asunto. Luego llegaron otros policías y buscaron atender a Rafael que estaba en el suelo, le tocaron el pulso y uno de ellos le pidió a Ofelia uno de los bolsos que tenía en su poder, para ponerlo debajo de la cabeza del desmayado.

Ella con todos los nervios de punta, miro los bolsos, para darle el que no tenía dinero. Luego de escoger, le dio el bolso de ella y se lo pusieron debajo de la cabeza. Media hora después, llegaron unos paramédicos, revisaron físicamente a Rafael, usaron un estetoscopio, examinaron algo, lo levantaron, lo acostaron en una camilla y se lo llevaron al hospital más cercano al aeropuerto.

Para poder salir, las autoridades del aeropuerto, solicitaron la presencia del supervisor, le pidieron a Ofelia sus documentos y le dijeron que podía salir, pero que perderían su vuelo. Ella dijo que la vida de su esposo era más importante y salieron en la ambulancia de una zona restringida del lugar. Al llegar a la salida hicieron las inspecciones reglamentadas para estos casos. Rafael iba a costado en la camilla, estaba desmayado aún y salieron rumbo a un hospital de Managua, con fuertes sonidos de sirena para pedir paso.

Ofelia tomó los bolsos y los puso en el piso detrás de los paramédicos. Ella estaba hecha un mar de nervios, nunca pensó en perder a su esposo, jamás pensó que algún día se iba a morir este hombre, y menos ahora, que ya se había resignado a llegar convivir con él hasta que fueran viejitos. En este momento, el asunto del dinero, se le había olvidado completamente por el susto, durante toda esta situación y mientras llevaban a Rafael, ella solo caminaba detrás de la camilla que se llevaba a su esposo.

Durante el camino, le preguntaron varias cosas a Ofelia, relacionados con la salud de Rafael, ella respondió todo, pero su mente estaba en otra parte, estaba asustada de verdad. Quería llamar a sus hijos, pero no sabía cómo hacer y le preguntaba a cada momento a una mujer que parecía ser la enfermera a cargo delo que pasaba con este hombre, mientras tanto, la ambulancia corría por la calle pidiendo vía libre, mientras la sirena sonaba pidiendo paso a los otros vehículos, se desplazaba a gran velocidad por la carretera norte, buscando el hospital Carlos Marx.

Luego de casi 12 minutos de camino, llegaron al hospital, la ambulancia se dirigió al área de emergencias y sacaron a Rafael, una vez que sacaron la camilla con su esposo, ella la siguió rápidamente, pero se le olvidaba el bolso del marido, la enfermera que estaba en la ambulancia, llamo a Ofelia, señalándole que se le olvidaba el bolso. Solo hasta ese instante esta mujer nerviosa recordaba el dinero que se habían encontrado en la sala de embarque del aeropuerto.

Solo segundos antes, esta enfermera había notado el olvido de Ofelia, al levantar el bolso, noto que estaba muy pesado, lo abrió, miro aquel dinero y al ver tanto, se asustó. Tuvo algunos malos pensamientos, pero recordó que ya tenía suficientes problemas como para meterse en otro. Una situación como esta, podría ser algo muy complicado y si le sumaba este problema a los que ya tenía, su vida se convertiría en un infierno y decidido llamar a la dueña del bolso.

Ofelia tomó el bolso, le dio las gracias a esta mujer y le preguntó por su nombre, ella le dijo llamarse María Navarrete, le sonrió y le dijo al conductor de la ambulancia que se parquera en otro lugar para esperar la camilla y a los otros asistentes que formaban parte del equipo de la ambulancia. Luego se olvidó de aquella situación y cuando llegó el otro enfermero con la camilla, acomodaron todo y se dispusieron a ir a la zona de parqueo que tenían asignada, hasta un nuevo llamado.

En el hospital revisaron a Rafael quien ya se miraba con mejor semblante, ya calmado. En un momento a solas con su esposa, le pregunto por su bolso, ella con una enorme sonrisa en la cara se lo mostró y ambos dibujaron en sus caras una sonrisa de complicidad. Luego de varios exámenes y con mejor apariencia en el rostro, hasta sonreía, le dijeron que había sido un ataque de ansiedad, le preguntaron lo que había pasado y el médico asoció el asunto al viaje por avión.

Epilogo.

¿Nunca te habías montado a un avión? Le pregunto el médico que lo atendía. Rafael no dijo nada sobre el asunto, puso cara de adolorido, después preguntó por el tiempo que se quedaría en el hospital, porque ya no le dolía nada, hasta sonreía y bromeaba con el médico que lo atendía. Ofelia también se miraba feliz y preguntaba cuando le darían de alta a su esposo, que tenía que hacer una llamada a sus hijos, para contarles lo que le había sucedido a su padre, que por los nervios no había podido llamarlos y explicarles lo sucedido con su padre, estaban relajados.

Mientras el médico seguía revisando a Rafael y anotaba en su expediente algunas observaciones, le indicó dónde había teléfono para que hiciera una llamada. Puso los bolsos en la cama donde descansaba su marido y después que el médico terminó de decirles todo lo ocurrido, salió para ponerle sellos a las recetas, buscar algunas medicinas. Luego Ofelia, se fue a buscar las medicinas y el teléfono, llamo a uno de sus hijos, ella explico lo sucedido a su hijo y uno de ellos se encargó de llamar a los demás para buscar a sus padres y llegar al hospital.

Cuando llegaron los hijos, ellos esperaban a la salida de emergencias, él en una silla de ruedas y ella con cara de persona ansiosa. Este par de viejos estaban regresando a su casa, con no se sabe cuántas decenas de miles de dólares, en sus manos. No sabían aún que era lo que harían en el futuro inmediato, pero ahora estaban seguros de que al menos unas buenas vacaciones si tendrían y con toda la familia, ahora había dinero, quizás suficiente para todos sus proyectos de viajes, para conocer el mundo.

Dicen que el dinero no da la felicidad, es posible que así sea, pero como ayuda a estar bien, cuando hay disposición a compartir con los suyos y no enfocarse en que se debe cuidar, porque te lo roban, el dinero es solo una herramienta que puede ayudarle a las personas a tener aquellas cosas que las hace sentir bien y estar bien, sin dañar a otros, sin hacer mal a otras personas. Tener mucho dinero y estar solo, no hace a nadie feliz, pero si estas rodeado de mucha gente y esta te quiere, no hace falta tanto dinero, pero siempre es necesario para comer, pagar los servicios, etc. Piénsalo.

FIN

Héctor Guillen N.

Morir sin darse cuenta

Reynaldo era un hombre mayor, con algunas enfermedades comunes, que nunca pasaron a nada grave, su vida transcurría normal, un día se levantó como siempre, pero con una pequeña diferencia, un agudo dolor de cabeza. Se levantó e hizo todo lo que siempre hacía, lavarse los dientes, peinarse, asearse hasta cambiarse de ropa y salir a la sala de su casa, revisó su celular, respondió algunos mensajes de Whatsapp. Miró algunos memes y mientras reía de algunos, se dio cuenta que su mujer no estaba en casa. Pensó que seguramente andaba en alguna diligencia, porque después de la jubilación las actividades cotidianas eran pensar en comer, pagar las deudas de agua, luz, internet, telefonía móvil y salir al supermercado por las compras quincenales, leer o ver mucha televisión.

Una vida aburrida cuando no te has preparado para jubilarte, después de casi 50 años de trabajo. A la edad que las personas se retiran, algunos no saben hacer otra cosa que repetir lo mismo de sus empleos. Quizás el contenido de trabajo era tal que no había tiempo para pensar en dedicarse a otra cosa, ni siquiera a pensar en ser capaz de buscar en la mente, algún sueño no cumplido, que se dejó de hacer por dedicarse a cumplir con las exigencias del trabajo que se hace en alguna empresa del estado o privada.

El asunto es que, si este era el caso, la jubilación llega como de sorpresa, la gente no sabes a lo que se está metiendo y cuando ya lo sabe es casi imposible regresar al antiguo empleo, ya te han sustituido por alguien más joven, con más energía y que sabe usar programas de computadoras que vos nunca quisiste aprender.

Reynaldo estaba en casa, viendo la televisión, no había notado nada extraño, fue unas cuantas veces al baño por efectos de la próstata, luego quiso salir a dar un paseo por su vecindario. Alrededor de su casa, no miró ningún cambio, todo estaba igual que siempre, algunos vecinos salían apresurados para sus trabajos, otros sentados en sus sillas ubicadas en los portales de sus casas hablaban a través de sus celulares, algunos niños salían apresurados a buscar sus transportes escolares, otros corrían cargados con sus maletas de libros a la espalda y hablando alegremente entre ellos. Esa misma rutina quizás la has vivido por muchos años.

En la casa de al lado, don Marvin carraspeaba su garganta, para luego dejar escuchar su tos alérgica, como todas las mañanas desde que llegó a vivir a este barrio de clase media de Managua, donde se pagaba el servicio de agua, luz y otros servicios a un precio más alto que el precio de los mismos servicios en los barrios aledaños.

El ruido de la aguja metálica de la entrada principal del lugar donde vivía, seguía escuchándose cada vez que un vehículo entraba o salía del residencial, provocando una sensación de seguridad a este residente. Todo ocurría como siempre, nada cambiaba, era algo repetitivo, nunca me di cuenta de nada raro, en cada momento pasaba lo de siempre.

Y como seres arraigados a las costumbres, a las cosas que nos dan confianza por ser repetitivas, por ocurrir siempre de la misma forma, le influían confianza de estar en un ambiente conocido, predecible. Solo que desde que salió su esposa, por una extraña situación, no la encontraba, habían pasado muchas veces las cosas cotidianas que le hacían sentir confiado, porque estaba en el lugar donde siempre había estado, su lugar conocido, con sus vecinos que hacían lo mismo siempre, no se sabe, por cuanto tiempo que creyó estar en el lugar de su confianza, pero su esposa no regresaba. Pero algo le decía que estaba cerca.

Aunque en realidad no la buscaba, aunque de alguna manera le hacía falta su compañía, en realidad estaba tranquilo, invadido de una paz que nunca había imaginado, un sentimiento de tranquilidad que sobrepasaba todo entendimiento. Así, habían pasado, algunos días, no estaba muy claro de cuantos, quizás semanas. Sentía que estaba al lado de ella, pero no la miraba, sabía que ella estaba allí, detrás de alguna puerta, en el cuarto de al lado, la escuchaba decir cosas, incluso, responder a sus preguntas, pero no lograba verla. Era algo muy extraño ahora que lo pensaba, pero, era algo que no me preocupaba. En ocasiones la escuchaba que hablaba de cosas que habían pasado, le hablaba a él, pero algo le decía que no específicamente con él.

En ocasiones, hablaba como si se dirigiera a otra persona, le hacía reproches de cosas que habían pasado muchos años atrás. Él solo escuchaba, no respondía, le hacía sentir bien claro que se dirigía a él, como si fuese un recuerdo, bonito, pero lejano. Aunque nada de eso le incomodaba, más bien, hasta le llenaba de satisfacción saber que aún me hablaba como a un recuerdo, lejano en ocasiones. No tenía plena conciencia de sus pensamientos, porque daba por hecho cosas de las que no estaba seguro. Otras veces, mientras ella dormía, le contaba cosas, allí, solo en esos casos respondía a sus preguntas, le decía cosas que nunca le dijo antes, en ocasiones sollozaba y le reclamaba por su ausencia. Aunque le dijera que siempre estaba a su lado entonces ella sonreía, más bien, él escuchaba su sonrisa.

En varias ocasiones, Reynaldo se despertaba pensando que había muerto a causa de una enfermedad grave, pero solo se acordaba de los últimos instantes, cuando después de unos minutos de luchar contra el miedo de morir, la muerte lo vencía, tomaba su vida, abandonaba su cuerpo. Pero una paz profunda e incomprensible llenaba todo su ser y se abandonaba a lo que sucedía, ahora no trataba de resistirse, sentía que los latidos del corazón se iban haciendo más tenues, como una locomotora que ha perdido fuerzas y se va apagando, hasta dejar de latir, el miedo y la angustia previa, dejaban de afectarle, aceptaba lo que estaba pasando con tranquilidad y paz. Así era como le había llegado la muerte, así lo recordaba.

Después de, no sé cuánto tiempo había pasado, pensó que era casi una eternidad y aquel ciclo se repetía una y otra vez, hasta que un día le llegó una voz, conocida, no supo por qué, era una voz conocida, no la escuchaba desde muchísimo tiempo atrás. Era una voz fuerte, pero al mismo tiempo amorosa, le llenaba de tranquilidad, pero a la vez de asombro, en ese instante entendió de quien era la voz. Era la voz que había estado esperando por toda su vida. Y esa voz llegaba desde todas partes, pero era más fuerte cuando se escuchaba llegar desde arriba.

Cuando la escuchó, todo dentro de él se concentró en ella y entendió que los tiempos habían llegado a su fin, entonces escuchó la primera trompeta, su sonido le estremeció profundamente, a la misma vez le lleno de temor. Jamás, durante todo aquel tiempo, se había sentido inquieto, solo hasta ese instante. En ese momento despertó. Había estado soñando, como si estaba en el lugar de descanso, previsto para aquellos que cumplan con el pacto.

FIN.

Héctor Guillen N.

María del Sol.

Mi nombre es María del Sol, soy mexicana, cuando llegué a los Estados Unidos, no recuerdo bien, pero fue antes de 1985, me vine de México. Al principio, escuchaba cosas terribles sobre la gente que trataba de cruzar la frontera, para llegar a este lugar, decían que morían ahogadas o las mataban los mismos coyotes, cosas muy feas y terribles.

Yo buscaba oportunidades de trabajo, para sostener a mi familia, porque la situación allá en México, era muy difícil. Había perdido mi trabajo, porque me había metido en el sindicato del lugar donde trabajaba y el sindicato en el último momento, cuando la situación estaba más seria, se puso de parte de los patrones y fuimos votados todos los trabajadores que estábamos protestando.

Entonces debido a que no cedíamos en las cosas que demandábamos, a la empresa, el sindicato comenzó a decir que no teníamos razón, para pedir las mejoras en los salarios, ni ninguna de nuestras demandas, mientras a ellos, cada día los miraban con los patrones reunidos en lugares, hablando quien sabe que cosas. Hubo un momento en que yo recibí amenazas de parte del sindicato, quien nos decían que, si no paraba la protesta, algo grave nos iba a suceder, junto a nuestra familia.

Como yo tenía un hijo chiquito entonces, sí me dio miedo y por último tuve que firmar papeles y todo lo que ellos querían, para renunciar y aceptar lo que me estaban dando, pero desde ese momento, ya no pude conseguir otro trabajo. Pues, cuando iba a una empresa o a cualquier lugar buscando un trabajo y me pedían referencias entonces la empresa anterior daba malas referencias de mi desempeño, sobre lo que yo había hecho, según su opinión.

Entonces era muy difícil para mí conseguir trabajo. Luego de todo aquello, estuve trabajando un tiempo en la costura, esta actividad me llevaba todo el día, a veces, más del tiempo normal de la jornada, en ocasiones hasta medianoche y así pasó el tiempo. Hasta que un día una persona, conocida mía, llegó donde yo vivía y me dijo:

- María vámonos a Estados Unidos. - Me dijo.

Y me explicó todo el plan de como haríamos el viaje, donde llegaríamos y todo lo que deberíamos hacer.

- Yo le decía, ¡ay! yo no puedo dejar a mi hijo, está muy pequeño para que lo deje solo. –

Mi hijo era lo que más me ataba a este lugar, entonces, esta amiga me dijo:

- Pero vas a ganar bien y con el dinero que les mandes, van a estar bien ellos, ¡bueno anímate! –

En pocos días me decidí y me vine con ella. En Nogales, nos esperaba el coyote, tuvimos que buscar donde dormir, ya que la hora de pasar seria por la madrugada, mucho antes que amaneciera. Todo estaba lleno en los hoteles, después de pasar horas buscando, encontramos un cuartito, con una sala y una habitación para dormir y una sola cama.

Cuando estábamos arreglando lo del precio y pagando, llegó un muchacho queriendo quitarnos la habitación y hasta estaba ofreciendo más dinero, pero el dueño, no quiso, ya que antes había arreglado precio con nosotras, el dueño nos dio aquella habitación. El muchacho comenzó a comportarse más amigable. Se nos acercó y comenzó a platicarnos que venía desde un pueblecito pegado a Guatemala, llamado Tinún, que había llegado a León Guanajuato y allí había invertido todo su dinero comprando botas de lujo para venderlas acá y sacar una ganancia con la cual poder cubrir los gastos de su viaje y pasar la frontera.

Llevaba en un saco varios pares de botas de cuero, bellamente decoradas. Dijo que ya solo le quedaban 6 pares y que las había vendido a buen precio para financiar su viaje a los Estados Unidos, nos pidió que no fuéramos malas y le diéramos donde dormir en nuestro cuarto, ya que en este lugar era muy peligroso quedarse en la calle. Después de hablar de las conveniencias y las inconveniencias de alojar a aquel muchacho con nosotras, decidimos dejarlo que durmiera en la salita de la habitación, porque éramos dos mujeres solas, acordamos encerramos con llave en el único dormitorio que había.

En realidad, fue una buena idea, porque siempre estuvo bastante peligroso, hasta en el lugar donde dormíamos. Durante todo el tiempo de nuestro viaje y gracias a Dios que pasamos con algunas dificultades, con peligro y todo, pero pasamos. Como a la media noche, cuando casi estábamos profundamente dormidas, alguien quiso entrar a la fuerza en nuestro cuarto, daba golpes y forzaba la puerta para abrirla, gracias a que el muchacho estaba en la sala, con voz fuerte preguntó:

- ¿Quién es?, ¿Qué quiere? –

Al darse cuenta que no estaban dos mujeres solas, que había un hombre, dejaron de empujar la puerta y querer entrar. Después de eso, como a las 3 de la mañana, llego el coyote, como habíamos quedado, ya que nos llamó por el nombre de mi amiga. Nos levantamos, salimos todos. El muchacho de Tinún también salió con nosotras, pero después, se nos perdió. Cuando llegamos a la orilla del rio, usamos una lanchita de madera para cruzarlo, nos montamos y con unos remos que ellos tenían, cruzamos al otro lado, cuando empezamos a cruzar, se aparecieron varios hombres que hacían señas para que regresáramos, eran como unos 10 hombres corriendo en dirección a nosotros, pero se detuvieron a la orilla del rio.

Ellos venían gritando a los coyotes que nos estaban ayudando a cruzar, los llamaban por sus nombres. Pero yo no entendía que era lo que decían, estos les respondían que ahorita regresaban, que ya no podían devolverse. Pero aquellos insistían, hacían señas para que regresáramos y seguían avanzando y ya se acercaban bastante, con el agua hasta el pecho. Y seguían diciendo que regresáramos, cuando los vi más cerca le dije al coyote:

- Oye diles a tus amigos que se regresen, porque ya están muy cerca, si se acercan más y tratan de hacernos algo, yo prefiero ahogarme que dejar que esos fulanos me toquen. – Entonces, muy serio él me decía:

-    No amiga, no te espantes, no pasa nada, solo quieren su parte de este viaje. Ah bueno, pues diles que se regresen y ahorita cuando tú regreses les darás la aparte de ellos, si no, aquí acaba todo. -

Ellos miraban a los hombres y no sabían que hacer, pero cuando dije aquellas palabras, ellos les dijeron que pronto regresarían para darles su parte y avanzaron remando con más fuerza, buscando la otra orilla. Al otro lado, se miraban unas grandes paredes cubiertas de hierba, en ese lugar, el rio estaba como dentro de un canal, luego llegamos a la orilla y en un lugar donde nos bajamos del bote, había un lugar algo bajo, donde se podía orillar la lancha y bajar nosotros, después había un camino y un poco más adelante había unas pequeñas lomas de tierra, cubiertas de hierba. Esos son los escondites cuando algo repentino pase, nos dijeron.

- Y seguimos avanzando en la lancha, pero en medio de todo eso, yo seguía orando y le decía:

-    ¡Ay! Dios mío, libranos de esos hombres peligrosos. –
Porque yo si veía peligroso todo eso. Y seguía pidiendo a Dios que nos siguiera, no fuera que quisieran hacernos alguna maldad. Al final el coyote les gritó que al regreso les daría su parte, ahorita regresaba, que no dudaran, luego ya como que aquellos fulanos se detuvieron, no avanzaron más, entonces ya nosotros logramos pasar el río.
Luego me preguntó:

-    ¿Y cómo cuánto dinero trae usted? –
Entonces le dije:

-    Pues yo no traigo nada, pero una señora que nos espera del otro lado tiene el dinero que le vamos a pagar, según lo acordado. –

Porque desde el inicio habíamos quedado en un precio de $600 dólares. Pero al parecer, quisieron hacernos alguna presión para sacarnos algo más. Pero eso ya lo había planeado mi amiga, ella decía que ya tenía a alguien del otro lado con el dinero para pagar a los coyotes.

Después, cuando estábamos llegando a la otra orilla del rio, el coyote nos dio algunas instrucciones, por si había algo imprevisto cuando estuviéramos del otro lado del rio, nos dijo que, si escuchábamos a la guardia fronteriza, nos metiéramos debajo de la maleza y dentro de los huecos que estaban a la orilla del rio, allí debíamos escondernos por si había alguna emergencia, allí no nos encontrarían. Esto era fuera del rio, había mucha maleza y en algunas partes este monte caía hasta el rio, pero debajo de ella, había unos huecos, estos no se miraban a simple vista, allí era donde se podía esconder la gente. Los coyotes nos dijeron que, si había algún peligro, nos metiéramos allí.

Cuando ya habíamos llegado a la otra orilla, se escuchó un sonido de algo acercándose, era un helicóptero que andaba inspeccionando la frontera y rápidamente, nos hicieron señas para que nos metiéramos en las cuevas. Ya dentro de una de aquellas cuevas, pasamos varios minutos, sin movernos, hasta que se alejó el aparato, entonces salió el coyote junto con su ayudante y nos hizo señas para que saliéramos rápidamente y cruzáramos por un caminito.

A cada lado del camino había maleza, un poco más alta, que todos nosotros y caminamos rápidamente, buscando el caserío, donde nos esperaba la persona quien tenía el dinero para pagar a los coyotes, ellos nos llevan hasta el punto acordado, porque estaba bastante cerca, pero nosotras no conocíamos, ellos sí y al parecer, esta señora también tenía que ver algo con estos hombres, pues sabían quién era ella.

Aún erade mañana, muy temprano, caminábamos en fila y lo más rápido que podíamos por un lugar cubierto por una vegetación escasa, entonces se me acerco uno de los dos coyotes que nos llevaban y me dice:

- Espera, quedémonos un ratito por aquí, quiero platicar unas cosas con vos a solas. Es algo rápido y te va a gustar. –

Yo le dijo que no quería nada con nadie, porque era una mujer casada y mejor no, que eso no era agradable a Dios y hasta me podía castigar. Entonces, me dijo que la cadena que andaba puesta le gustaba y quería que se la diera como un recuerdo de esta gran aventura. También le dije que no, porque esa cadena me la había dado mi madre antes de morir y no era posible que se la diera.

Inmediatamente me apuré, alcance a mi amiga que iba más adelante, junto con el otro coyote y ya no me despegué de ella. Nosotras buscamos el lugar hacia donde íbamos, llegamos y en parte las cosas mejoraron. Íbamos donde una conocida de esta amiga, quien tenía el dinero para pagar por el pase de la frontera Cuando llegamos a las casas del otro lado del rio, donde estaba la persona con la que nos encontraríamos después de pasar y esta nos dio el dinero para pagar a los coyotes, más el dinero que yo tenía guardado dentro de mi zapato, les pagamos y ellos inmediatamente salieron de regreso. La señora en su casa nos dijo:

- Pasaron bien gracias a Dios. Porque han estado matando gente en ese camino y han estado violando mujeres, pero pasaron bien gracias a Dios. –

Yo pensaba que, si hubo mucho peligro en el camino, pero de alguna manera lo resolvimos, gracias a Dios, cuando llegamos y encontramos todo como estaba planeado, salimos inmediatamente a buscar la parada del camión, esta señora y nosotras fuimos a buscar la parada del camión que nos llevaría a la ciudad de Brownsville, ella nos acompañaba para que la gente creyera que estábamos en su casa, esperamos unos minutos, llegó el transporte para llegar a Brownsville, porque también decían que la migra agarraba a las personas en las paradas de los camiones, y siempre estábamos vigilantes para ver que no estuviera alguien sospechoso en las terminales checando.

Tomamos el camión y llegamos donde mi amiga tenía una casa para quedarnos a vivir y buscar trabajo, según el plan que habíamos acordado con ella, pero no era así como me había dicho o al menos no me dijo todo, algunas cosas, no fueron claras o no me las dijo esta amiga.

Durante todo este tiempo Dios cuidó de nosotras en todo el camino, después de llegar a Brownsville, donde mi amiga decía tener donde quedarnos, llegamos al sitio, allí donde íbamos a instalarnos, pero al final de cuentas, no era como yo pensaba, era con otro hombre con el que ella venía a vivir, no era con el marido a quien yo le conocía en nuestro pueblo, era otra persona, era otro hombre y entonces eso me puso en alerta, pero ya había gastado el dinero que traía, ya no podía regresar. No vivía con el marido que yo le conocía en México, sino que vivía con otro hombre. Y esto ya no me gustó para nada.

Todo esto era embarazoso para mí, y durante todo ese tiempo fue muy difícil, yo me arrepentía por todo lo que miraba y decía:

- Dios mío qué fue lo que hice por qué me vine. –

Tenía muchos pensamientos que me mortificaban, pero luego empecé a trabajar, era un trabajo en el campo, donde las tareas son muy pesadas yo no estaba acostumbrada y estaba mal de mi cadera, el trabajo era piscar jitomate. En este lugar, había un campo enorme sembrado de esta hortaliza, también había unos grandes trailers donde acopiaban los jitomates, al llegar, le pregunté a uno que estaba allí, si estaban contratando personal, me enviaron a buscar al que mandaba, encontré al jefe, le pregunte si me podía dar trabajo y me llevo a donde estaban piscando el jitomate, entonces empecé a piscar, pero después de un rato, ya no aguantaba y es ahí donde me empiezo a preguntar:

-    ¿Que estoy haciendo aquí? -

Pasábamos a poner el jitomate en el lugar donde lo pesaban, mi parte era muy pequeña, yo no recogía mucho, solo poquito jitomate colocaba en las pesas. Porque no aguantaba mucho estar agachada en una posición que me dolía la espalda y la columna, me daban calambres insoportables. Era una labor demasiado pesada para mi cuerpo, yo no había trabajado en algo así nunca.

El patrón miraba que yo sufría con todo esto, yo no tenía fuerzas para este tipo de trabajo. Quizás se me miraba en la cara todo el sufrimiento, pues no podía hacer el trabajo y no piscaba casi nada. Pisca se le llama a lo que tiene que ver con la recogida de la cosecha, de una hortaliza, todo lo que está listo para cosechar en el lugar, como jitomate, fresas, todo lo que se había sembrado y ahora había que recoger.

La cosecha se recogía en unos cajones bien grandes, estos se llenaban de jitomate y se llevaban a un lugar para pesarlo, a mí no me salía casi nada de dinero, el peso, de lo recogido era casi nada y todos miraban que yo casi no podía con aquel trabajo. Un día le dije al patrón:

- Lo siento, pero no puedo seguir trabajando aquí, es muy pesado para mí. -

El me quedó viendo, pero no dijo nada, se me acercó y me dijo:

- Ya no vas a seguir piscando, vas a subir al tráiler y solamente me vas a acomodar el jitomate más bonito por encima, que se vea lo más bonito de primero de todo lo que se va recogiendo, lo más bonito. -

En este puesto de trabajo traté de hacer mi trabajo, lo mejor que pude. Pero Dios en todo momento estaba ahí, porque en esos días, cuando piscaba jitomate, unos chinos que también piscaban y sus cubetas siempre iban repletas de jitomates, ellos miraban que yo no podía llenar mi cubeta, entonces ellos ponían en mi cubeta jitomates de ellos, para que el peso puesto por mi fuera mayor, de lo que yo había recogido, porque ellos eran buenísimos en eso, me daban de lo suyo, para que yo hiciera más.

Luego al pesar la pisca, nos daban un ticket con el peso de los jitomates. Y por eso cuando contábamos nuestros tickets ya terminada la labor, porque sobre eso nos pagaban, pues mi parte era muy buena y los pagadores me veían raro, porque mi parte de dinero era casi parecido a los mejores que trabajaban allí. En ocasiones preguntaban cómo era que yo había logrado eso, entonces les decía que yo trabajaba igual que todos, pero como le digo, no era yo, era Dios ayudándome con otras personas.

Siempre estoy agradecida, porque Dios, siempre estaba ayudándome. Pero con el tiempo y a pesar de la ayuda, no aguanté mucho en ese trabajo, porque ya no podía con los dolores de mi espalda y me quejaba todo el tiempo y pasaba mal todo el día y por las noches, los dolores en la espalda casi no me dejaban dormir. Entonces, el patrón me dijo:

- No te preocupes. Ya veremos cómo te ayudamos. –

No terminaba de ubicarme en ninguna de las actividades que se hacían en este trabajo, cierta vez, yo estaba sufriendo del dolor que me producía estar agachada piscando jitomate que el patrón me dijo: - María, ven y siéntate conmigo y me invito a un lugar a la mitad de todo el terreno aquel y ya estando sentada fue a un termo que tenía él y me llevo una cerveza. Y me dijo: - Tómate, una cerveza conmigo. Yo le dije que no tomaba, entonces dijo:

- Toma, aunque sea la mitad, eso te va a levantar los ánimos y allí luego vuelves a tu trabajo. Me tuve que tomar la mitad de la cerveza y luego me levanté y volví a reiniciar mi trabajo. -

En aquella plática me pregunto sobre varias cosas, como cosas que yo pudiera hacer, después me dijo:

- Si puedes buscar algo mejor, no le tengas miedo, éntrale. -

Yo ya tenía otro lugar donde irme, pero me di cuenta que tampoco pude estar en este otro por mucho tiempo, ni un mes estuve en ese lugar. Esto me pasó, fui a trabajar donde una señora, para ayudarle a cuidar un niño de la misma edad del que yo había dejado en México, el problema fue que cuando yo veía a aquel niño, me ponía a llorar, porque recordaba a mi hijo, que había dejado solo, entonces la señora al ver que así estaban las cosas, que no podría hacer mi trabajo, un día me dijo:

- No te puedo seguir teniendo aquí, porque bueno es que la verdad sí mi hijo tiene la misma edad que el tuyo y te pasas llorando, entonces no eres capaz de hacer tu trabajo. -

Bueno me salí de allí, pero necesitaba trabajar. Entonces volví al campo donde había trabajado al inicio, a los jitomates. Cuando el patrón me vio, me dijo:

- ¿María, ¿qué pasó? –

Yo le dije:

- No pues, no pude adaptarme al otro lugar y volví, para ver si puedo tener un trabajo. –

Entonces me dijo:

- No importa, regresa al campo. –

Y me regresé, me dije:

- Bueno ni modo, no me queda de otra que trabajar aquí, donde no me gusta, pero debo trabajar.

Porque, como todavía no tenía papeles, ni nada legal, entonces tenía que seguir en este tipo de actividad que no podía hacer, ni modos, había que seguir ahí. Pero entonces, me dijo el patrón algo, para que vea cómo desde ahí Dios ha estado en contacto conmigo, viendo lo que me pasaba, aunque no lo merezca, a pesar de ser desobediente, el patrón me dijo:

- Ahora el trabajo que vas a hacer será subirte al troque, ya no vas a andar piscando. –

Ese trabajo ya lo había hecho antes y no me sentía mal, pero luego de unos días, el patrón me mando a hacer otro tipo de actividad y me envió a quitar las estacas donde se enreda el jitomate, estas estacas, son para ayudar a que la planta tenga fuerzas para levantarse, pero allí en estas cosas, se quedan pegadas frutas podridas y otras basuras de la planta, ramas y frutos que no se logran desarrollar o se pudrieron, entonces hay que quitar todos estos desperdicios de las estacas y debe hacerse muy rápido, luego amontonarlas y hacer rollos con las mismas, amontonar esos rollos en las orillas de los surcos, porque después se utilizan para volver a sembrar. Luego, viene la quitada del plástico que ponen por arriba, también lleno de cosas podridas.

Ahí es donde yo vi mi suerte porque se quitaba el plástico, pero como dije, debe hacerse rapidito para poder ganar dinero. En este plástico viene todo lo podrido de los jitomates y eso me caía encima, yo terminaba llena de jitomate podrido y yo le reclamaba a Dios:

- Mira cómo me canso de este trabajo, mira como estoy, siempre estaba cuestionando al Señor. –

Pero llegó el momento cuando una debe valorar lo que tiene, aunque sea poco.

Mientras en la casa donde vivíamos, yo seguía incomoda por estar en medio de todo aquello, dormía al lado de aquella pareja y eso no me gustaba. Este señor tenía una vieja camioneta afuera de la casa. Era una camioneta de esas que están todas cerradas, color blanco. Yo me atreví, le dije:

- Oiga Don Pedro, ¿me deja quedarme en la camioneta para dormir? Lo que pasa es que yo no me siento cómoda durmiendo allí con ustedes.

Él me decía: - No María, no te puedes quedar ahí,porque aquí hay mucho delincuente que anda buscando y revisando todo. Y en ese lugar te van a violar. - Me decía. –

Pero yo le respondía:

- ¿Cómo crees? Me voy a encerrar bien y no va a pasarme nada.

Él decía:

- No, y aunque te encierres bien, aquí son tremendos ladrones, van a querer abrirte la puerta yo no te puedo dejar así sola. -

Fue tanta la insistencia que me dijo:

- Yo te entiendo María, pero mejor no. –

Pero después de mucho insistir me dijo:

- Está bien. Te voy a dejar quedar en la camioneta para que duermas allí. -

Y le dije:

- Yo me voy a encargar de que las puertas estén bien cerradas.

- Y cualquier cosa que pase, estamos aquí cerca. - Tu solo gritas. – me dijo.

Y así me quedé a dormir en la camioneta. Esa misma noche, en efecto alguien llegó e intentaba abrir una de las puertas y sí, me dio miedo, pero me empecé a decir a mí misma:

- No está peligroso, pero después de eso, me tuve que quedar con ellos. –

Pero quedamos en un acuerdo, ya se hicieron las cosas y para esos días empecé a trabajar en el campo, para la temporada del jitomate, eso fue aquí, cerca del aeropuerto. Ahora que pienso en todas estas cosas que pase, muy difíciles para mí, puedo valorar todo lo que me han ayudado, poder sobrevivir en la vida y que yo no veía, solo miraba que andaba cubierta de jitomate y me decía:

- Nunca anduve en mi vida de esta forma, nunca anduve así, pero bueno, era la necesidad de trabajar, porque en mi país estaban las cosas muy malas. –

Pero empecé a ganar dinerito, después de ese lugar, trabajé en un vivero, donde venden plantas, flores y todo eso de plantas de jardinería. Ahí me fue mejor porque ya no andaba caminando ni cargando tanto peso que lastimaba mi espalda y columna. Allí, me fue mejor, que estando en el campo del jitomate, fue para esos días, cuando hubo una amnistía para los que trabajaban en el campo y ahí fue donde pude obtener mi tarjeta, mi Green Card.

Después que conseguí mi Green Card, fue fácil para mí, buscar otro trabajo, algo que sintiera que podía hacer sin lastimar mi cuerpo, entonces ya empecé a ir a buscar y conseguí otro mejor trabajo y el dinerito pues llegaba bien y me sentía yo bien, pero, extrañaba mucho a mi hijo y siempre estaba triste y todo el tiempo lloraba por todo. Por mucho tiempo estuve, así como deprimida, pero cuando ya vi como el dinerito ayudaba a mi familia allá en México, pues ya eso fue para mí algo bonito, sentí que mi esfuerzo valía la pena, porque se pagaba la renta, los estudios, se podía comprar comida y mi familia tenía lo necesario para vivir.

Ahí en este lugar donde piscaba el jitomate y donde después me pusieron a levantar las estacas y el plástico, luego me pusieron a arreglar todo el jitomate que iba sobre los contenedores para que se mirara bonito, fue allí, donde conocí al padre de mis hijos. Cuando estaba en este lugar, donde arreglaba los jitomates en el tráiler. Él subía y no hacía, ni decía nada, era un hombre que no hablaba, solo me miraba mientras yo trabajaba, era un hombre diferente a mí, porque yo era alegre, siempre he sido así, un poquito alegre, no sé si eso era mejor o peor, pero yo soy un poquito alegre, no sé, pero siento que nunca me ha faltado ese espíritu.

Entonces yo decía:

- ¡Ay!, ese hombre serio, raro, no dice nada. -

Siempre estaba allí, viéndome, yo lo ignoraba, hacia como que no estaba allí, pero me sentía amuinada, no me gustaba que me estuvieran viendo, así como estudiándome, no me gustaba esa forma de ser, me caía mal. Siempre se subía al camión donde yo estaba y solo me miraba, me comía con los ojos y eso me incomodaba.

No hacía nada, mirando nada más, pero me caía mal, entonces con el tiempo, como que algo fue cambiando, se le fue soltando la lengua, empezó a conversar conmigo, me preguntaba cosas, luego nos hicimos a la conversación y bueno, poco a poco hasta que nos conocimos íntimamente. Pero yo desde que llegué, a Estados Unidos, yo le decía a Dios:

- Señor, si tú tienes una pareja para mí, que tú me lo hagas saber, quiero que sea algo bueno para mí. -

Yo, entonces siempre estaba con ese pensamiento y petición a Dios y aquella vez que sucedió todo eso, donde ya estuvimos juntos, para entonces, en ese tiempo, ya el señor me había hablado en sueños sobre esto que le pedía. Porque lo que tengo es que sueño mucho sobre lo que Dios me dice y muchas de las cosas que sueño suceden en realidad. Entonces yo soñé una noche que estaba total y profundamente dormida, soñé que algo muy terrible estaba queriendo ponerse encima de mí, entonces desesperada yo decía: - ¡Qué es esto? Yo luchaba contra algo en el sueño, pero no podía apartarlo de mí, solo cuando dije:

- Señor ayúdame no me dejes, ayúdame.

Fue cuando me desperté, pero lo que el Señor me había estado diciendo en ese pedazo de sueño, era que ese hombre que yo estaba eligiendo como mi marido en ese momento, no era bueno para mí y sin embargo yo seguí con él. Pasó el tiempo y como él se portaba muy bien, pues yo decía, nunca he conocido a un muchacho como este, tan buena gente, trabajador y no sé porque, yo no lo veía malo, a pesar del sueño, porque ya el señor me había indicado lo correcto. Ya me había advertido sobre este hombre, pero no entendía.

En ese sueño, al final, cuando me desperté, estaba muy asustada, el corazón me daba golpes en el pecho, sentía como si quería salirse de mi cuerpo y lo que pasó es que de alguna manera yo vi que quien estaba sobre mí, queriendo forzarme a tener relaciones con él, era un demonio, era un demonio contra el cual luchaba y no podía, pero Dios me ayudó y lo apartó de mí, con eso, ya estaba ahí en el sueño lo que me estaba diciendo el Señor, bueno pasó el tiempo y este hombre se portaba muy bien en todo, creí en él, me acomodé y me confié en todo.

Al final de cuentas me fui a vivir con él y desde ahí empezó mi tormento, porque a él le gustaban mucho las mujeres. El empezaba a recordar y a contar sus aventuras con mujeres de aquí y de allá, yo me hacía la loca, como que no le entendía a veces. Pasó el tiempo y entonces después de algunos años nació mi hija. Seguían los problemas, yo decía:

- Entonces que hago, ¿me revelo? –

El señor en el sueño, me había mostrado la verdad sobre mi relación con este hombre y no entendí. Luego dije, bueno, el señor me lo dijo en mis sueños que este hombre no era bueno para mí, sin embargo, yo decidí seguirlo y ahora estoy pagando las consecuencias por desobedecer. Tanto tiempo, tantas cosas que yo le decía a él, pero nada mejoraba, él me respondía:

- Si tú no estás a gusto conmigo puedes irte. –

Yo le decía a cambio:

- Yo no te obligo a que estés conmigo, puedes irte, encontrar a otras mujeres, pero él me ignoraba, ni me escuchaba. Como que le pasaba por acá – señalando su oído derecho

- Y le sale por el otro, no escuchaba, ponía cara de ausente. –

Pasó el tiempo y seguían los problemas de infidelidad, situaciones de él con mujeres, pero yo seguía aguantando. Al final de cuentas en 1991, regresamos a México, nos fuimos a nuestro pueblo. Un día, sin planificar nada, sin platicar nada, él dijo vámonos, regresamos a nuestro país. Yo tenía mi trabajo, entonces renuncié y nos fuimos, compramos los boletos, vendimos lo que se pudo y en el pueblo nos quedamos por mucho tiempo. Ya no regresamos, pero al cabo de un tiempo, un año, más o menos, él se vino otra vez a los Estados Unidos. Yo me quedé con los niños y entonces le dije:

- Oye, pero habías dicho que nos íbamos a quedar en México. - Sí – dijo.

Pero, pues aquí el dinero que ganamos no nos sirve para vivir, no alcanza para nada. Y se vino solo. Yo me quedé casi 14 años en México, ahí nació mi otro hijo el que murió, había nacido con una alergia muy fuerte en todo el cuerpo. Ahí empezó otra vez el sufrimiento para mí, porque mi hijo se llenaba todo de granitos y estos le supuraban, esto mantenía al niño con mucho sufrimiento, estaba muy mal. Al cabo de un tiempo y de consultar a muchos doctores, uno de ellos llegó a la conclusión de que lo que le estaba afectando a muchacho era el clima del país. Yo le había platicado al doctor que había vivido en Estados Unidos algunos años atrás, entonces como que se le encendió algo en la cabeza y me dijo:

- A este niño lo que le afecta es el clima de este país, el lugar perfecto para que se lleve a su hijo es regresar al norte. No sé cómo lo podrá hacer, pero ese clima de allá le va a sentar muy bien a su hijo. –

Entonces yo le comenté a mi marido y le dije lo que el doctor decía: - ¡ay! mira dice el doctor que esto es lo que le hace falta al hijo nuestro y al final de cuentas, él dijo:

-Está bien, voy a mandar buscarlos. –

Y nos regresamos para acá y después de casi 14 años, de estar viviendo en México, nos venimos otra vez.

- ¡Gracias a Dios sin dificultad! Porque dicen que quienes se van más de 1 año, no pueden regresar.-

Pudimos llegar aquí otra vez, después, el niño se fue mejorando de lo que tenía, poco a poco fue la curación, le asentó mucho el clima de aquí. Y entonces, al final de cuentas con su medicamento y unas cuantas cremas que le dieron, controló su dermatitis. Porque eso era lo que el muchacho tenía, dermatitis. Pero yo seguía sufriendo con este hombre por el problema de mujeres. Yo le hablaba, a veces yo estaba allí, mientras él se comunicaba con ellas. Yo decía:

- Pero ¿cómo puedo yo aguantar tanto? –

Yo ya no tenía el deseo de estar íntimamente con él, entonces me reclamaba. En mis pensamientos decía:

- Bueno, yo soy la esposa y debo de cumplir como tal, pero no puedo, algo dentro de mi luchaba, algo me impedía cumplirle como su mujer. -

Algo inexplicable no me dejaba tener intimidad con este hombre, porque no sabía que era exactamente, pero algo dentro de mi sabía que eso no era correcto y todo mi cuerpo se revelaba, rechazaba aquello. Y entonces pasó el tiempo al final de cuentas yo decía a Dios:

- Señor perdóname si yo estoy haciendo mal, pero es imposible para mí, sabiendo que se fue a estar con otras mujeres, si lo hago, voy a estar en medio de todo eso. –

Me sentía muy incómoda. No podía resistir aquello, solo de pensarlo. Entonces tal vez eso haya sido lo que motivo que después de algunos días se contactó con una mujer que lo tenía loquito, como a un jovencito, se enfrascó con esta mujer y ya de ahí no salía, se pasaba mucho tiempo en la casa de una de estas mujeres, yo nunca supe quién era.

Un día en su cumpleaños, hice la comida, para celebrarlo, llegaron sus parientes y cuando todos se despidieron, el último que se quedó fue un sobrino de él. Estaban tomando y ya ellos estaban muy borrachos, entonces, ellos estaban en la mesa, repentinamente, le llegó a él una llamada, agarró su teléfono y salió de la casa, para afuera y se fue a hablar atrás de su camioneta. Entonces, muy calladita, salí también detrás de él, sin que se diera cuenta. Yo decía que tenía que descubrirlo, agarrarlo con las manos en la masa, para desengañarme.

Entonces sigilosamente salí, casi detrás de él, pero el sobrino me dijo - ¿tía a dónde va? -, entonces nada más le hice señas de que callara y me salí. Lo seguí, mi marido no se dio cuenta. Porque como estaba muy tomado y estaba hablando concentrado en la llamada, no se dio cuenta a qué horas yo salí y me puse a un lado de la camioneta, donde él estaba hablando con una mujer.

Lo escuché, todo, fue ahí donde me enteré de todo lo que pasaba. Hablaba con esta mujer y le decía cosas con palabras que nunca me las dijo a mí, hablaba como un niño enamorado, loco de amor, como un jovencito le habla a su amada. Me dolió muy feo, pero también me sentí aliviada.

Entonces yo dije:

-Bueno, bueno esto está bien que lo sepa, así, ya no me siento culpable por no responderle como su mujer. Todo lo que pasó, a lo mejor yo no puedo resolverlo. –

Pero desde ese momento, como que algo se cayó de encima de mí, fue como quitarme un peso, me sentí muy aliviada. El peso de la culpa que sentía se fue. Inmediatamente dije:- Gracias señor, porque he descubierto que yo no soy culpable de lo que pasaba, aunque solo hasta ahora lo descubrí, pero ya tú me lo habías dicho desde el principio, por eso no sentía bien tener intimidad con este hombre.

Esta fue la solución a mi problema de culpa por no saber hasta dónde soportar sus infidelidades, ahora me sentía libre, liviana, ya no me sentía culpable de todo lo que no podía hacer, desde ese momento, se me cayó algo muy pesado de encima. Di gracias a mi Señor, porque descubrí que yo no era culpable, tal vez no en todos los aspectos, pero no era culpable del comportamiento de mi marido.

En ese momento dije:

- Soy libre. –

Me sentí muy aliviada, tranquila, sin ninguna carga emocional. Cuando ya me iba a meter a la casa, me dije:- Ya no tengo que esconderme de él. - Entonces salí de donde estaba escondida y escuchando, así sin nada, sin esconderme, ni sentirme culpable, él se volteó, se me quedó viendo y le dije: -Que bueno que te escuché, y me metí a la casa.

Enseguida entró él y se me quedó viendo, no es lo que te imaginas – dijo. -Le escuché todo. Todo lo que le dijiste a esa mujer lo escuché,- le dije. -Y hasta aquí llegamos, ¿sabes qué? - Yo me sentía culpable, le pedía perdón a Dios porque no te correspondía, porque algo dentro de mí me lo decía. A ver si ella, te iba a aguantar todo lo que yo, pero hoy ya estoy tranquila, porque ya se acabó todo entre nosotros, ya no más de lo mismo. Luego se hizo el tonto, no dijo nada.

El sobrino me dijo:

- Tía, no se ponga así, no lo tome así, puede ser alguna aventura nada más, no le dé la importancia que no tiene. –

No, le dije - Esto no es una aventura, si hubieras escuchado como hablaba con esta mujer. Pero bueno, lo mío con él, se acabó, para siempre. –

Yo le agradezco a Dios que me haya abierto los ojos, ahora mismo se acabó, no más de este sufrimiento. El sobrino, quiso seguir dándome consejos, pero me metí a mi cuarto y ya no escuché más.

Él se sentó en un sillón largo que teníamos en la sala, luego se acostó y como estaba muy tomado, le ganó el sueño y allí se quedó dormido. Cuando salí del dormitorio, lo vi que seguía bien dormido, entonces le metí la mano en la bolsa del pantalón, para sacarle el celular y ver a quien había llamado, vi el número, lo copie en una libreta que uso, al otro día, investigué quién era. Pero esa misma noche le dije al sobrino:

- Okey, mira, todo lo que yo escuché afuera se lo decía a la mujer de este número ya sé quién es y por eso, ya no quiero nada con su tío. Hasta aquí llego todo, se acabó. -

Cuando él despertó, en la madrugada, quería hablar conmigo, pero le dije que ya no tenía nada que hablar con él. Ya lo había visto todo y ya no quería nada con él, le dije también que sacara sus cosas del cuarto, pero antes de eso, ya se las había puesto en el otro cuarto, se las había echado fuera de mi cama, porque tenía temor de que él me fuera a pegar o algo parecido. Cuando entró, en la cama del otro cuarto le puse sus cosas. Otra parte de sus cosas las puse encima de mi cama, en la mitad donde dormía él y las amontoné, en el otro pedacito yo me acosté y me dije, aquí voy a dormir.

Pero, él dijo:

- Este es mi cuarto y esta es mi casa. -

Sí, le respondí, pero lo siento, aquí, ya no duermes, ya no quiero estar contigo, no quiero nada con usted. Si quieres dormir tenés que ir a otro cuarto, pero aquí en la cama ya no vuelves a dormir conmigo.

Se acostó en un sillón que había en el cuarto, como que se durmió, pero yo lo oía que no podía dormir y estuvo así hasta después de la medianoche. Luego se sentó porque yo lo escuchaba, como que estaba llorando, yo podía oírlo, se sentó y estaba como que le molestaba algo en la garganta, luego me dije: "imposible que este llorando, ese hombre no es así, es muy duro como para estar llorando y entonces me pregunté si no había sido demasiado dura, sentí que mi corazón se afligió y entonces pensaba que estaba siendo muy dura con él. Pero entonces agarré valor y me dije: "no voy a ceder". Le dije si no puedes dormir ahí en ese sillón, vete al otro cuarto, ahí hay una cama también él me dijo:

- No porque este cuarto es mío y la cama es mía y la casa es mía"-

Entonces le respondí:

- Pues lo siento, ya no podrás dormir acá en la cama conmigo. –

Al otro día, vio que todas sus cosas habían sido pasadas al otro cuarto y ya no le quedó otra que quedarse en el otro cuarto, ahí se quedó y pasó el tiempo, luego pasaron algunos meses y cuando yo le dije:

- Mira, nos vamos a divorciar. –

Entonces él me dijo:

- Por una tontería tomaste esta decisión. No lo hagas. –

Pues sí lo voy a hacer, le dije, ya aguanté mucho y ya estoy muy vieja para seguir aguantando cosas como esta.

- Ya no, ya no voy a soportar más. –

Le dije:

- Quiero vivir mis últimos años, felices, no con tanta cosa que más bien da vergüenza. Ya no voy a poder seguir en lo mismo, al final me dijo:

- Yo no voy a pagar ese divorcio. - No te preocupes. - le dije: - Eso lo pago yo. –

En ese tiempo trabajaba y tenía algunos ahorros. Fui y contacté un abogado, entonces metí la demanda de divorcio, todo este proceso se llevó creo casi 1 año. Fue extremadamente cansado. Tardó bastante tiempo, íbamos a las audiencias que nos daban y hacíamos todo lo que nos indicaban y él junto a su abogado se pusieron de acuerdo para limpiar las cuentas de ahorro que teníamos y donde tanto el, como yo habíamos depositado por varios años el dinero que ganábamos. Mi marido saco todo lo que teníamos en el banco, propiedades, terrenos, casas, todo desapareció, como si nunca hubo nada.

Solo porque en México había una casa, pude sacar algo de todo eso, él y su abogado barrieron con todo. Él, con su abogado hicieron trampa, se llevaron lo mío ya me habían dicho algo sobre estas cosas, ellos me decían:

- Mira, ya tenemos todo registrado, por el dinero y todo lo que tenían en común. -

Él me había dicho que repartiríamos todo en partes iguales, me confié y al final de cuentas cuando se había terminado el proceso de divorcio me dijo:

- Mira María, no hay nada en las cuentas, el dinero que habíamos dicho, en realidad no quedo nada. –

¿Pero cómo es eso si teníamos nuestro dinero de años de ahorro? Si, te dije todo eso, pero cómo como no teníamos ningún papel firmado, no podemos demostrar nada, un tiempo después, la secretaria de él, me dijo:

-    María yo lo siento mucho, por todo lo que te pasó. ya no puedes hacer nada porque ya firmaste con el abogado, pero te hicieron trampa. -

La que había comprado las casas y los terrenos fue ella. Luego lo único que me dieron de dinero fue $ 5000 (cinco mil) dólares. Todo lo demás; cheques, cuentas de ahorro, todo lo que yo le había entregado a él, todo se desapareció. Después supe que él sacó el dinero del banco, porque los cheques que yo le daba, era él quien guardaba todo el dinero de los dos, aparecían todos los depósitos, pero ya el dinero no estaba. Dijeron que los ahorros los habíamos utilizado no se sabe en qué cosas, pero se había retirado todo.

Lo que en ese momento no supe preguntar fue, la fecha de los retiros de dinero, allí se sabría que el dinero lo habían retirado en esos días del problema. No había tal dinero, ahí se acabó todo; entonces dije:

– Bueno, me quedo con una de las casas, entonces me quedé con la casa que está en México ya solo había 2 casas, una aquí en Estados Unidos y otra en México, pero de todo el dinero ahorrado y de todo lo que habíamos adquirido con nuestro trabajo y estaba guardado en el banco, no había nada.

En esos días yo no podía pensar de forma clara, yo me quedo con la de México, pero lo hice por orgullo, porque yo decía, si él se queda con esa propiedad, con seguridad va a ir a meter a la mujer ahí y mi familia vive alrededor de esa casa entonces yo no quería que mi gente se diera cuenta de mis problemas y se sintiera mal. Entonces dije no mejor me quedo con la de allá, así me quedé con solo esto, de muchos años de trabajo. Pero ahora me arrepiento, de verdad, porque debí de haberme quedado con la casa de aquí, pero bueno, Dios sabe lo que hace y entonces me quedé con la casa de mi pueblo en México. Me dieron 2 meses para salir de la casa donde vivía con él porque, me dijeron tiene 2 meses para desocupar este lugar e irte a otro lado.

Pues me fui a rentar junto con un muchacho de la iglesia donde me reunía. En ese tiempo, este muchacho también estaba en una mala situación. En una de las reuniones de la iglesia donde iba, dijeron que un joven de México, necesita que alguien le ayudara con la renta, porque sus ingresos eran muy bajos, todavía no estaba mi otro hijo en Estados Unidos, porque el que se nos murió se había quedado con su papa en la casa que teníamos aquí. Después, el otro hijo mío, el mayor, vino a vivir conmigo.

El que se murió ya era un joven de 19 años y este otro hijo mío, un tiempo después, se fue conmigo a vivir allá junto con el muchacho que necesitaba ayuda con la renta. Para los días cuando aún estábamos en el proceso del divorcio, antes de que me dieran el plazo de 2 meses para buscarme otro lugar para vivir, me empezó a dar una cosa muy extraña. Algunas personas a quienes he platicado de esto, dicen que fue algo que mi marido me había dado o hecho, para que yo sintiera la necesidad de él y que no lo abandonara.

Ahí fue donde yo vi la mano de Dios, ahí fue donde yo digo que de verdad mi Señor siempre estuvo ayudándome. En ese tiempo yo trabajaba en un lugar de donde salía como a las 12:30 de la noche. Un día de esos, cuando llegaba a la casa empecé a sentir en mi cuerpo una sensación de deseo, tener sexo, tener a alguien, era algo terrible, fuerte, desesperante, casi incontrolable, yo ni siquiera en mi juventud había sentido un deseo de esa magnitud, era como si alguien o algo se apoderaba de mí, era tan fuerte, que empecé a orar y decir:

- Señor qué es esto, yo no quiero esto para mí. -

Yo antes había oído que la gente decía que la fulanita se va con uno y con otro, que era una mujer incontrolable. En fin, era algo que nunca había tenido y pedía con mucha devoción a Dios para que esta cosa se me quitara y pedía con desesperación: - Señor ayúdame por favor. -Día y noche pedía que eso que estaba en mí y atacaba mi cuerpo se fuera. Yo le pedí a Dios y le rogaba, tantas cosas que yo hacía para que esa cosa que yo sentía se fuera de mi cuerpo y no lograba quitármelo. Pasaron algo más de 2 meses tal vez, hasta que por fin un día me doy cuenta que ya no había esa sensación de deseo tan fuerte en mi cuerpo, fue cuando entonces yo dije a Dios:

- Gracias mi Señor, lo hiciste no hay otra manera de explicarlo, tu Señor lo hiciste. -

Y entonces eso desapareció hasta el día de hoy que le estoy platicando esto. Hay gente a quien he contado esto, quizás a unas 3 o 4he platicado esto y ellas me han dicho que no me creen porque el cuerpo y sus deseos están ahí vivos, que eso no se muere, que son cosas naturales. Pero como me paso a mí no era tan natural, yo ahora comprendo porque algunas mujeres se vuelven incontrolables, eso es que algo les han hecho. Algunas personas me han dicho que no lo creen, una hermana de la iglesia me dijo:

- Hermana, yo no le creo eso. Si usted está viva, seguirá sintiendo deseo, no me va a decir que usted ya está muerta. –

Le dije entonces:

- No mi hermana, yo no estoy muerta, estoy muy viva, pero ese tipo de deseo que me atacó, el Señor me lo quitó porque no era natural, ese deseo que estaba inquietando mi espíritu y con el cual no me sentía bien, porque nunca me había pasado, me lo quitó Dios, no fue otro más que El, y eso para mí es algo muy grande y aunque usted no me lo crea, si es hasta el día de hoy. –

Yo no ando viendo cosas, ni películas que tengan cosas de sexo o algo, en el celular, ni nada que mis ojos vean y alteren mis deseos. Yo trato de no hacer nada de eso, yo siempre trato de conservar lo bueno que Dios nos dice en su palabra, entonces siempre estoy buscando leer, yo le doy gracias a Dios por eso, fue algo tan grande que yo no podía resistir. He oído muchos testimonios de mujeres que dicen que no y al ratito ya andan con uno y con otro. Eso de lo que Dios me salvó, para mí fue algo muy grande. Y sé que mi Dios consoló y sano todo mi corazón, por todo lo malo que había pasado hasta entonces, solo Dios lo puede hacer.

Con este hombre, como le conté, tuve dos hijos, una niña y un varón. Durante el tiempo que convivimos los niños crecieron y se hicieron adultos, la niña se juntó con un muchacho que no le convenia, pero ella estaba enamorada y al final de discusiones y pleitos, ella se fue a vivir con él, no le fue bien, sufrió mucho, pagó por sus decisiones. Ahora ella vive sola, tiene 2 hijos y vive en California. El varón, cuando me separé de mi marido, se quedó a vivir con su padre. Este muchacho desde la escuela, empezó a consumir drogas, en ocasiones había que ir a buscarlo a la policía donde lo tenían preso.

Después que me divorcie de aquel hombre y después de muchos pleitos de mi hijo con su padre, el muchacho se fue a vivir conmigo y cuando no consumía droga se ponía muy feo todo con él. En una ocasión estaba yo cocinando, él no podía salir y estaba desesperado porque quería inyectarse algo de droga para estar tranquilo. En ocasiones, se me acercaba con un cuchillo, se me acercaba por detrás, y me hablaba, con una voz ronca, que no era la de él, yo sabía que cogía cuchillo, pero yo no volvía a verlo, me hacia la que no sabía nada de lo que hacía. Al estar cerca me hablaba con una voz ronca, que no era la de él:

- ¿María, me tienes miedo? –

Yo sentía como una presencia extraña que me ponía la piel de gallina, pero miedo no sentía y le decía:

- No, no te tengo miedo, porque tengo a un Dios Poderoso que me quiere y te quiere a vos también, solo tienes que confiar en Él. –

Luego se le iba bajando aquello, se retiraba a un lado, ponía el cuchillo sobre la mesa y se iba a acostar en un rincón, en el piso, allí se enrollaba con las rodillas pegándole en el estómago y los brazos cubriéndole la cara, se hacía un nudo y luego lloraba despacito, como si algo le dolía muy fuerte. En su cuarto, siempre desordenado, había un ambiente feo y frio. No dejaba que la luz del sol entrara y mantenía las ventanas de su cuarto cerradas. Todo estaba sucio, pasaba encerrado allí por semanas, no tenía ánimo de nada. No resistía que ni su padre, ni yo le dijéramos nada, era violento y siempre de mal humor, solo cuando estaba drogado estaba tranquilo, encerrado en su cuarto.

Un día, me llamó por teléfono y me dijo que quería verme, pero como yo estaba ocupada en mi trabajo, pues no pude hablar con él y le dije, te llamo luego, que ahorita estoy ocupada. Después que me libré de lo que estaba haciendo lo llamé y luego de varios intentos logré comunicarme con él, pero me dijo que ya había resuelto lo que necesitaba y colgó. Cuando conducía para la casa, casi llegando, volvió a llamarme, pero, no pude contestar la llamada. Parqueé el carro y busqué como llamarlo, nunca respondió. Lo llamé varias veces y no respondió, luego llamé a la casa de su padre y este me dijo que mi hijo se había marchado de la casa, después de haber discutido con él.

A eso de las 2 de la madrugada, me llamaron por teléfono, era la policía que me decía que debía presentarme al hospital donde estaba mi hijo, muerto. Había perecido en el incendio de una casa. Su padre y yo llegamos al hospital y lo encontramos muerto, pero sin ninguna quemadura, nosotros preguntamos qué había pasado y solo nos dijeron que, durante el incendio de una casa abandonada, él estaba en un cuarto que se llenó de humos y esos gases tóxicos, fueron los que provocaron su muerte.

La verdad es que todo era muy sospechoso, porque no sabíamos que hacia mi hijo allí. No nos dieron explicaciones. Pero es un dolor muy grande ver muerto a un hijo, es algo que no se puede describir. Después de muchos años ya cansada de tanto sufrimiento fue así como llegué aquí, a este lugar donde he sentido más sosiego, paz.

Bueno, como dicen muchos, este es un sitio bendecido por Dios, aunque ahora, algunas cosas están cambiando, pero es agradable vivir aquí, todo es tranquilo, sin la presión de las ciudades, aquí se puede descansar del ajetreo de la cantidad inmensa de vehículos en las calles. Antes, aquí era más bonito, había mucho campo de siembra, había mucho trabajo de siembras, ahora se están construyendo muchas residencias, muchas personas quieren venir para acá, porque la vida es más calmada.

Ahora veo que se ha dejado de buscar a Dios tanto en las escuelas como en otros lugares, están enseñando cosas que ya no se deben enseñar a los niños. Ahí es donde como decimos, Dios se va alejando no de todos nosotros, sino de aquellas personas que se concentran más en hacer lo malo.

Pero bueno, cada quien debe hacerse responsable por sus actos, yo le doy gracias a Dios por estar en este lugar, porque desde que yo llegue a este lugar, he permanecido aquí, estaré hasta que señor disponga de mí, hasta que el Señor me diga, ya hasta aquí llegaste hasta aquí vas a colgar los guantes. Pero Dios nunca me abandonó, a pesar de mí, Él siempre fue fiel, siempre estuvo y estará cerca de mí, no porque soy buena.

FIN

El jugador de beisbol y las bailarinas del diablo

Después de 4 semanas de estar metido en el cañal, como le dicen a la persona que anda de fiesta, tomando sin descanso, comiendo mal, sin dormir casi y dispuesto a seguir la diversión, Juan Carlos pensaba estar disfrutando de lo bueno de la vida. Su mujer no estaba preocupada, total, se miraba que estaba feliz, por eso nadie sospechaba que luego de tanto tiempo de pasar bebiendo cervezas, ron, fumando como chimenea, riendo, bailando y contando chistes sobre sus días en las grandes ligas de beisbol, las cosas iban a cambiar. Repentinamente, se puso serio, quedo viendo a la distancia, se llevó las manos al pecho y con una voz aguardentosa le grito a su mujer:

- ¡Felicia, me muero! -

Y cayó a un lado, agarrándose el pecho y botando espumarajos de la boca. Felicia, al ver a su marido cayendo fulminado como por un rayo, solo atinó a pegar un grito de terror:

- ¡Santísima Trinidad, protege a mi marido! Juan Carlos, mi amor, ¿qué te pasa? -

Y salió corriendo desde la cocina donde estaba preparando unos tostones para atender a su marido, quien festejaba algo ese fin de semana, al lado de Juan Carlos, tirado en el piso de aquella casa ubicada frente a la calle principal del barrio la Fuente, ella desesperada, gritaba para que alguien la ayudara. Inmediatamente, salieron a la pulpería de la esquina donde alquilaban el teléfono, para llamar a la ambulancia.

Se armo un tremendo revuelo entre los vecinos de la cuadra. Algunos decían que la Felicia le había dado un golpe en la cabeza a su marido por andar tomando por casi un mes, otros que a Juan Carlos le había dado un ataque de epilepsia, por la abundante espuma que salía de su boca.

Fue como algo que atrajo a todos los vecinos del barrio, un gran tumulto de personas se agolpaba en la entrada de la puerta de esta pareja, queriendo saber lo que estaba pasando. Unos con solo ver algo de la escena, ya andaba regando una historia que nada tenía que ver con lo sucedido en la realidad. Casi al instante, don Santiago, un señor vecino de esta pareja, ofreció su carro para llevarlo al hospital más cercano de la casa, el hospital Manolo Morales.

Entre cuatro hombres, tomaron de las manos y pies a Juan Carlos y lo montaron al carro Lada de este señor, quien partió inmediatamente buscando el hospital, Felicia, iba hecha un manojo de nervios y limpiaba la cara de su marido, llorando incontrolablemente.

Juan Carlos era un tipo alegre, relajado y además se sentía exitoso, era un hombre que sudaba confianza por todos lados. Ante sus amigos era un hombre muy divertido, con él, todos a su alrededor gozaban de sus ocurrencias. A muy pocos jóvenes del barrio La Fuente de Managua, quienes pasaban horas jugando al beisbol, debajo del sol o bajo de la lluvia, como a Juan Carlos, les había llegado la oportunidad de ser llamados para jugar en las grandes ligas del beisbol profesional de los Estados Unidos.

Era una especie de hombre suertudo, a nadie más como había sucedido con este hombre, le había llegado la noticia de ser escogido para ir a jugar al beisbol rentado. Todo esto había sido como algo milagroso, un día, decidieron jugar en la liga de beisbol de barrios que organizaba la iglesia don Bosco y antes de terminar la temporada, un señor panzón, elegantemente vestido se le había acercado a preguntarle si le interesaba jugar en las grandes ligas de beisbol.

Juan Carlos dijo que si, pero no le presto mucha atención a todo aquello, pero un par de meses después, lo estaban llamando a que se presentara en el estado nacional de beisbol a hacer unas pruebas. Este muchacho llegó al estadio, le dijeron que corriera las bases a toda la velocidad que pudiera, le hicieron muchas pruebas como batear, hacer tiros al home, fue casi todo el día en el asunto de pruebas.

Después le dijeron que entraría a jugar con un equipo de la liga de beisbol mayor de Managua y después de varios meses de jugar en el equipo del Bóer, le dijeron que se alistara que iba para los Estados Unidos a jugar con equipos de la clase A de beisbol.

Todo fue como algo que fue saliendo de forma natural, sin forzar nada, era como si todo lo que le estaba pasando fuera un sueño, las cosas solo sucedían. Repentinamente, comenzó a ganar dinero como nunca antes había soñado. Su mamá, hasta brincaba de la alegría, solo se lamentaba de las veces que le había dicho que ese deporte era para vagos sin oficio ni beneficio. Y ahora, asombrosamente, nadie en esta familia había ganado tanto dinero y en dólares.

Aunque después de 3 años solo había llegado a la clase triple AAA, que es un grado muy avanzado del nivel de juego para alguien que había salido de un barrio de la capital, el haber firmado el contrato inicial con solo 16 años, era un logro que no cualquiera puede hacerlo. Mucho menos sin habérselo propuesto como un plan de su vida.

Todo había pasado sin proponérselo, estaba ganando mucho dinero, era admirado y en realidad, el jugar beisbol le salía como una habilidad natural. El muchacho pateaba, tiraba, agarraba la pelota con una facilidad, pasmosa. Tenía una gran velocidad para correr las bases y podía jugar casi todas las posiciones del campo.

En el barrio La Fuente, nadie jugaba al beisbol, como este chavalo lo hacía, era algo espectacular como jugaba. Cuando jugaba el campo corto, ningún batazo hacia este lugar se le escapaba. Era como si cualquier pelota hacia este sector se fuese en un hueco. Luego en la liga de beisbol de la iglesia Don Bosco, mucha gente llegaba para verlo a él, como jugaba, el lugar se llenaba de personas que disfrutaban de sus proezas deportivas.

Había vivido por un largo tiempo en este país de América del norte y gozaba de una residencia con muchos privilegios, porque tenía derechos que solo pocos nicas tienen en este lugar como derecho a trabajar, seguro médico, derecho a préstamo para adquirir una casa, un carro, en fin, todo aquello que muchos inmigrantes buscan con desesperación pero que no logran conseguir, solo después de muchos años de trabajo.

Al llegar al hospital Manolo Morales al sector de emergencias, ya casi nadie le daba oportunidades de vida. Algunos decían que ya se miraba que estaba tieso el cuerpo de este hombre. Mientras Felicia solo atinaba a llorar y arreglarse el pelo que le caía sobre la cara.

Le habían dicho que se esperara en la sala atestada de otros quienes tenían a sus familiares en esta sala de emergencias. Pero ella no obedeció y entro junto con el cuerpo de su marido a la sala donde inmediatamente lo revisaron, le hicieron masajes en el pecho, revisaron la boca, lo conectaron unos aparatos electrónicos y luego le preguntaron a ella sobre todo lo que había pasado.

Felicia, describió lo mejor que pudo cada uno de los hechos y miraba todo lo que le hacían a su Juan Carlos. Los aparatos emitían luces y una raya continua, mientras el personal médico revisaba y volvía a conectar aquellos aparatos al cuerpo de su marido que al parecer no respondía a nada de lo que le hacían. Ya lo había inyectado, le habían dado unos choques eléctricos en el pecho, pero nada al parecer funcionaba. Luego de varios minutos de estar en una lucha frenética con el cuerpo de este hombre, las expresiones de resignación de algunas enfermeras eran, como de:

- Ya no hay nada que hacer, se fue., -

Felicia estaba viendo todo aquello y comenzó a llorar con mayor intensidad, por algo que parecía inminente, Juan Carlos, su marido estaba muerto. Lo miraba en la cara de las enfermeras, los aparatos que nunca empezaron a funcionar y todo en aquella sala, solo uno de estos médicos no paraba de insistir, seguía dando masajes en el pecho y con una máscara de oxígeno en la cara del paciente, seguía atento a lo que pasaba.

Luego de varios minutos que parecían horas, este médico como que desistió, pero después de algunos segundos, donde en la cara de todos los presentes se miraba la resignación, uno de los aparatos comenzó a funcionar haciendo un sonido que pareció como una explosión, segundos después Juan Carlos se levantaba de la cama y se sentaba poniendo una cara de alguien asustado y pegando como un grito decía:

- No estoy muerto, sáquenme de aquí, estoy vivió, estoy vivo. -

Mientras buscaba como arrancarse todos los cables que lo tenían conectado a diversos aparatos electrónicos. Miró a un lado, donde estaba su esposa y le dijo:

- Mi amor perdóname por todas las veces que te fui infiel, Ya no volverá a pasar, solo sácame de aquí, me quiero ir de aquí, estoy vivo. –

Repetía una y otra vez con desesperación, mientras buscaba como salir de esta cama. ¿Qué era lo que había pasado? En sus ojos, había una expresión de miedo, le decían que descansara, pero no quería volver a cerrar los ojos. Decía cosas como si estuviera desquiciado, repetía una y otra vez que si cerraba los ojos se moría y no quería volver a ese lugar donde había estado solo unos minutos atrás. Nadie le entendía todas aquellas cosas que decía. Hablaba de las mujeres rubias, que lo querían engañar, llevárselo al infierno, retenerlo allí, en ese lugar horroroso y una serie de cosas incoherentes.

Después de hacer todos los trámites para darle de alta, de recetarle muchas medicinas, descanso y muchas recomendaciones, Felicia se llevó a Juan Carlos a su casa. Esa misma tarde cuando habían llegado a su casa y después de que todos sus amigos estuvieron para darle la bienvenida y hacer todos los comentarios de aquel suceso. El muchacho comenzó a contar que desde el momento que había caído desmayado, empezó a percatarse de que en el mismo lugar donde todos estaban, había otro nivel de consciencia, otro sitio detrás del lugar donde estaban todos.

Después de haber caído al piso, sintió todo lo que le estaban haciendo, escucho a Felicia que gritaba y lloraba, que lo subieron al carro del vecino, pero cuando arrancó el carro, pasó a otra dimensión. Un lugar muy elegante, inmenso, lleno de lujos, columnas enormes y altas. Allí había una sala grande, con enormes sillones blancos y suaves, luego aparecieron una mujeres bellísimas, altas, blancas, hermosas, algunas rubias otras, pelo negro, liso o ensortijado. Mujeres con poca ropa que me abrazaban y decían que me habían estado esperando desde que empecé a jugar beisbol en Estados Unidos.

Cuatro de ellas se me acercaron y me decían cosas que querían que hiciéramos en grupo, yo estaba sorprendido, jamás nadie me había hecho aquel tipo de propuestas sexuales. Era como el sueño que siempre había querido tener, pero por falta de dinero u oportunidad nunca había hecho. Y ahora todo estaba allí cerca, a mi disposición. Solo tenía que decir si, estas mujeres me deseaban. Pero en un instante, me detengo a recapacitar, fue algo como una pausa y veo con más atención a estas mujeres, ellas caminaban delante de mí riéndose a carcajadas, me tenían agarrado de las manos y yo caminaba como flotando.

Repentinamente, como que algo se aclara ante mis ojos y veo que en realidad son mujeres con cuernos, cola y patas de animal peludas, con pesuñas, fuertes tendones y hueso. Solo fue un instante, porque al siguiente momento, parecían normales. Luego me entró la desconfianza, pero ahora si las miraba tal y como eran, el enorme salón blanco, lleno de nubes y espacios iluminados de blanco y muebles muy finos donde estábamos, repentinamente se convirtió en un horno lleno de llamas y humo negro, aquellas mujeres se transformaron en demonios que reían a carcajadas.

Traté de soltarme de ellas y vi sus manos que eran como manos con apariencia de garras con enormes uñas y venas gruesas. Ellas me decían que este era mi verdadero hogar, por ser infiel, borracho, libidinoso, vividor y mal padre. Al mismo tiempo comprendí que me tenían agarrado y de esa manera no me dejaban despertar, entre ellas se decían eso, entonces yo luchaba por soltarme, pero su fuerza era tan grande que me sometían con facilidad.

Entonces trate de convencerlas para que me soltaran, en fin, yo no era nadie importante para que se sintieran como si conmigo ganarían algún premio, yo era alguien común y corriente. Una persona como miles que existen en la tierra.

Pero no lograba soltarme de aquellas poderosas manos, repentinamente, escuche a mi esposa que gritaba, ella decía que yo era alguien bueno, que no merecía morir de esa manera, para Felicia, yo era un gran hombre y cuando escucharon eso, como que se sorprendieron y aflojaron el agarre de mis manos, entonces, aproveche para soltarme y corrí, buscando por donde salir.

Ellas entonces comenzaron a perseguirme, entre ellas se daban indicaciones para que no me dejaran salir de la habitación, porque entonces despertaría. Por eso yo corrí con todo lo que pude para salir y me dirigí a una puerta que era como un pequeño hueco.

Al llegar a esa pequeña puerta, me tiré de cabeza, pero me agarraron de los pies, luego sus manos me agarraban del pantalón y la camisa y yo luchaba por soltarme, por eso cuando me desperté en el hospital, lo primero que hice fue quitarme todos los cables que me tenían sujeto. Y quise seguir corriendo. Por eso ahora no me digan que me duerma. No quiero volver a ese lugar. Así, paso diciendo varios días, los médicos trataban de convencerlo de que aquello había sido un mal sueño y nada más, pero no dormía por las noches, porque cuando cerraba los ojos, volvía a ver a aquellas mujeres diabólicas.

La falta de sueño lo estaba volviendo más irracional. A pesar de muchos medicamentos que le daban sueño, él se resistía a dormirse. Luego le recomendaron que visitara una iglesia. Empezó a visitar iglesias católicas, porque esa era la religión de su mamá, pero no consiguió mejorar, no lograba encontrar paz para su miedo excesivo y sobrenatural, ningún medicamento lograba ayudarle, porque este solo le daba sueño y eso no era lo que él quería. Luego visito una pequeña comunidad cristiana de su barrio y allí se quedó.

Allí empezó a estudiar la biblia como desesperado, ansioso con mucha sed de saber, conocer. En esta pequeña iglesia aprendió a orar, conoció a cristo, de quien mucho había escuchado, pero que no conocía nada de él. Ahora era un hombre sano, temeroso de Dios, oraba con su mujer todos los días, no faltaba a ninguna reunión y a medida que paso el tiempo, empezó a conocer de Dios y a sentir paz, esa paz que sobrepasa todo entendimiento. Él ahora sabía que aquello que le había pasado, fue una campanada de alerta, ahora estaba gozando de una segunda oportunidad para no regresar a ese lugar nefasto que tanto miedo le había provocado.

Ahora daba testimonio de todo lo que podría pasar si nos morimos sin Jesucristo y les predicaba a todos quienes lo conocían y a quienes no le conocían. Siempre que hablaba de su experiencia decía que ese lugar no era para los seres humanos, ese lugar era el infierno, hecho para el demonio y sus seguidores. Pero muchos seres humanos estarán allí en el final de los tiempos, si no enderezaban sus caminos, si no cogían el camino correcto que era Jesucristo.

Después de aquellos sucesos, Juan Carlos se convirtió en un hombre diferente, cualquiera puede decir que esas son puras patrañas, solo este hombre puede decir si eso que cuenta es cierto o es falso, él lo ha vivido en carne propia y ahora manifiesta una preocupación verdadera por como muchas personas viven sus vidas, antes no le importaba nadie más que él y sus necesidades. Antes callaba a las personas que montaban los buses para hablar de Dios, predicar. Ahora él mismo andaba predicando en los buses, la gente le daba dinero, lo agradecía, pero nunca lo aceptaba.

Ahora era otra persona, completamente diferente al tipo alegre, relajado y exitoso, un hombre que sudaba confianza por todos lados. Quien delante de sus amigos era un hombre muy divertido y a su alrededor gozaban de sus ocurrencias, ahora muchos se alejaban, por las locuras que decía. Esa especie de hombre suertudo, ahora sabía cuan suertudo era, por las oportunidades a las que a nadie más se le habían dado en la vida, ahora si se consideraba alguien realmente suertudo. Porque este tipo de cosas les pasa a muchos, pero no todos las ven, ni muchos las escogen, porque para los estándares terrestres son tonterías, pero al final, no lo son.

FIN.

Un caso de identidad equivocada

Santiago, un joven nicaragüense, viaja a USA con su familia, durante un viaje que hacen para conocer la ciudad de San Diego California sufren un accidente, él era un adolescente de 16 años, le gustaba el skatebording y jugar basquetbol. Tenía gusto muy desarrollado por la comida tradicional nicaragüense, le gustaban las sopas y la gran mayoría de las comidas típicas, no era gordo aún por el volumen de ejercicios físicos que hacía durante la mayor parte del día, muy bien podría postularse como atleta de alto rendimiento.

El día del viaje habían salido de Miami, de casa de la hermana mayor de su padre, la tía Refugios, soltera, sin hijos. Esta familia nicaragüense, disfrutaba conocer este país, visitar a la hermana de su padre y aprovechar que esta señora se marchaba de vacaciones a Europa a conocer Francia, España, entre otros. Ya era una persona próxima a retirarse, después de muchos años de trabajo duro. Esta familia nica, se había hospedado en la casa de ella, mientras esta mujer salía de vacaciones algo que por muchos años estuvo deseando y solo hasta ahora tenía oportunidad de hacer, un sueño por cumplir, desde que era una niña.

Ahora se presentaba el momento y mientras tanto su hermano y la familia de este llegaban a quedarse en su casa de Miami, en la pequeña Habana. Los nicas, después de pasar una semana visitando algunas de las atracciones turísticas del estado de la Florida, habían decidido conocer California, querían viajar por tierra, manejando ellos mismos, para conocer y disfrutar del camino. La familia estaba compuesta por el padre, la madre, el hijo mayor, Santiago y su hermana menor Hilda. Iban muy contentos, haciendo historias, cuentos y se detenían en los puestos para tomar descansos, café o alguna galleta, de los que abundan a la orilla de todas las carreteras de Estados Unidos.

Incluso habían hecho parada en un hotel del camino para no llegar cansados al destino, comieron en un restaurante del sitio y al día siguiente, continuaron con su recorrido. La madre y el padre eran quienes conducían, turnándose para disfrutar el viaje, ya que habían calculado unos 20 días, para llegar y lo disfrutarían a lo grande. Luego de salir del hotel donde habían descansado la noche anterior, siguieron por la carretera interestatal 10, ya estaban en su día 13 del viaje. El cansancio ya estaba haciéndose sentir, pero seguían entusiasmados.

Habían salido de Arizona y ya casi saboreaban la victoria por haber transitado por una buena parte del territorio. El paisaje de esta parte del país era de grandes extensiones de tierra, valles, colinas y algunas hondonadas que se encontraban a la orilla de tramos de la carretera, había zonas de poca vegetación, pero otras tenían zonas de vegetación baja, pero abundante no se miraban grandes árboles. La carretera por donde iban era de 2 carriles, la familia hacia chistes y cuentos divertidos, cuando de pronto y muy cerca de ellos, un enorme furgón se les vino encima.

El conductor, solo tuvo tiempo para esquivar la embestida y no pegar de frente con el furgón, pero a pesar de haber hecho un movimiento rápido, el furgón les pegó en la esquina izquierda trasera del vehículo y se precipitaron a una de las hondonadas a la orilla de la carretera. El vehículo salió dando vueltas de costado, dio muchas vueltas, en una de estas, alguien salió disparado por una de las ventanas, cayendo sobre una espesa maleza, en la parte baja de la depresión. El furgón siguió hacia su lado derecho, volcándose unos metros más adelante.

Fue un accidente brutal, aparatoso, en el carro, salvo la persona que salió disparada a través de una de las ventanas, estaban inconscientes, pero inmediatamente el vehículo comenzó a incendiarse, nadie salió del auto y todos inmediatamente murieron. El que había salido disparado del auto fue Santiago, el hijo mayor de esta pareja quién de una forma misteriosa se había salvado. Extrañamente, al salir por los aires y caer sobre una vegetación cercana a una pequeña distancia del vehículo conducido por su padre, había quedado inconsciente por varias horas.

Increíblemente, solo tenía algunos golpes, recibidos dentro del automóvil, uno que otro raspón, algo de suciedad y nada más. El accidente entre el vehículo de esta familia y la rastra sin control, paso varias horas sin ser reportado, por algo más de 2 horas, no paso ningún carro por este lugar, mientras los accidentados permanecían inconscientes en sus respectivos autos, salvo en el que había tomado fuego. No hubo nadie para reportar a las autoridades de este accidente, solo hasta 3 horas después, algo muy raro en las carreteras de USA, que se mantienen transitadas todo el tiempo.

Luego de una hora y media, despertó Santiago, completamente desorientado, sin saber dónde estaba, quien era, nada. Estaba en el fondo de la hondonada a la orilla de la carretera San Diego-Arizona, se levantó mareado y muy desorientado, caminó por un camino de tierra en medio de una pequeña pradera. Camino por varias horas, hasta que llegó a un pequeño valle, rodeado de colinas verdosas donde había una casa con una cerca de madera pintada de blanco, en medio de aquel lugar no había otra cosa.

Aún extraviado, se acercó a pedir agua, pero no sabía cómo decirlo, luego, se abrió la puerta de la casa y una señora quien lo había visto acercarse a la propiedad desde que apareció en el camino, le preguntó desde la distancia, qué era lo que quería. Santiago desde muy pequeño había aprendido a hablar inglés y dominaba este idioma como su lengua materna, entendió las palabras de aquella señora.

Con algunas señas y palabras pidió agua. Aquella mujer de apellido Smith, lo miro y con desconfianza le pregunto que andaba haciendo por el lugar, Santiago no supo responder, no sabía, ni se acordaba de nada. El muchacho trató de explicar cosas que no sabía, ni como había llegado hasta allí, nada y menos quien era él.

Luego de ver que el muchacho tenía golpes, estaba sucio, la señora llamó a la policía para reportar aquella situación. Una patrulla con 2 policías, llegó una hora más tarde a la casa de la señora. Después de hablar con el muchacho, interrogarlo sobre varias cosas de las que el joven no sabía cómo explicar, lo llevaron a la estación de policía de un pequeño pueblo cercano. Allí empezaron a averiguar sobre este joven, quien no llevaba consigo ninguna identificación, tenía evidencias de haber sido arrastrado por el piso, sus ropas estaban sucias y en algunos lugares rasgadas.

El joven era blanco, pelo castaño claro, de aspecto caucásico, rasgos finos, hablaba inglés fluidamente, parecía haber perdido la memoria. Algo con lo que los policías ya tenían alguna experiencia, por lo que, con solo verlo, se percataron de ello. Mientras hacían averiguaciones en las bases de datos de la policía del condado, lo ubicaron en una escuela del pequeño pueblo, donde había ciertas facilidades para su alojamiento temporal mientras, buscaban con pulcritud y escrupulosidad información relacionada a desapariciones de jóvenes como este, afanosamente.

Tres de los 5 agentes de esta estación de policías estaba investigando, sobre desaparecidos en la base de datos de la policía de California, solo 2 horas después de ese mismo día había encontrado una muy buena pista del muchacho. Alguien muy parecido a este joven llamado James Douglas, adolescente de 13 años de edad y desaparecido 2 años atrás. Tenía muchos aspectos que coincidían con la información que tenían del joven aparecido en el camino, cerca de la casa de la señora Smith.

Consultó con el oficial superior y luego de un intercambio de puntos de vista se procedió inmediatamente a llamar por teléfono al número de contacto de un pariente de este caso quien aún vivía en la ciudad de San Diego California. Un año antes, el padre del muchacho desaparecido, como consecuencia de un accidente y algunos factores médicos, había fallecido, junto con su esposa, cuando la pareja se movilizaba buscando a este hijo desaparecido en circunstancias inexplicables hasta la fecha, por lo que se creía que era un secuestro.

El número de teléfono era de un hermano del papá de James, quien vivió en San Diego y se desempeñaba como ingeniero de la construcción, este, al recibir la llamada, lleno de emoción y muchos sentimientos de pesar por la suerte de su hermano y su familia, con mucha impaciencia preguntaba sobre información para llegar a buscar a su sobrino desaparecido.

Mientras en el lugar, donde estaba el accidente, el carro de la familia de Santiago, se había quemado casi en su totalidad, después de haber dado varias vueltas en el aire, saliendo de la autopista. Los agentes de tránsito que acudieron al investigar en el sitio, nunca se dieron cuenta de que uno de los ocupantes del vehículo, ahora totalmente quemado, había salido disparado por una de las ventanas del carro, cayó a unos metros del lugar, pero en el fondo de la hondonada y mientras aún se quemaba el carro con sus padres y hermana menor dentro, el joven se había levantado, caminó varios kilómetros sobre el camino de tierra cercano, hasta llegar a la casa de la señora Smith.

Los policías a cargo levantaron datos, luego que los bomberos apagaron las llamas, observaron las evidencias del caso y determinaron que en el vehículo accidentado y quemado, solo iban 3 personas, quienes fallecieron casi al instante luego del impacto con el furgón, el conductor, seriamente golpeado, no sabía cómo explicar lo sucedido, por lo cual, las autoridades de tránsito, luego de observar las bitácoras de transporte del conductor y ver los horarios de trabajo del chofer, determinaron que este hombre había estado conduciendo por casi 3 días continuos, esto evidentemente provoca cansancio.

El veredicto final fue, que a las 11 horas de la mañana del día 26 de Mayo, mientras este conductor José Ángel transitaba en dirección San Diego-Arizona, transportista de origen mejicano el conductor del furgón placa número 36287 del estado de California, se había quedado dormido, mientras el pesado auto invadió el carril contrario, impactando al vehículo, etc., etc. Ya todo estaba claro, averiguaron la dirección de la familia fallecida y encontraron que el carro accidentado, era propiedad de una empresa de renta de autos de Miami, Florida, había sido alquilado por Santiago de Jesús, ciudadano nicaragüense, quien había llegado a la casa de su hermana, con residencia en Miami, la Pequeña Habana, 528 SW, 5ta Av. Apto. 507. Miami, Florida, 33130.

El muchacho pasó varios días en aquel lugar, mientras las autoridades hacían averiguaciones del caso. También se publicaron fotos del muchacho en diferentes medios y un día se apareció una pareja, hombre y mujer de mediana edad, quienes pensaban que el muchacho era muy parecido al hermano menor de uno del varón.

Pensaban que era un sobrino desaparecido 3 años antes. El nombre de este hombre era Lucas Douglas, al llegar al pueblo donde estaba el supuesto sobrino, se contactaron con la policía del lugar, quienes llevaban el caso y después de una entrevista de algo más de 3 horas, ver fotos y noticias de la desaparición del familiar, 3 años atrás, concluyeron que era el muchacho, era el sobrino desaparecido.

Después de identificarse y explicar con detalles todo lo sucedido alrededor de su sobrino, Lucas pidió ver al joven, lo mandaron a llamar, el muchacho llegó y al verlo de cerca, estaba convencido del parecido del joven con su hermano menor, era indudable que toda la historia encajaba, tenía que ser su sobrino, mostró incluso varias fotos de la época cuando desapareció 3 años atrás.

Todo se había basado en el parecido asombroso de este joven con el hermano de Lucas, estaba seguro que había encontrado a su pariente, su sobrino Ernest. Todos en aquella pequeña oficina de la policía, estaban de acuerdo en decir que el parecido con el hermano menor era asombroso, la cara de su hermano a la misma edad. Después de varias averiguaciones superficiales, papeleos y consultas de algunos asuntos legales, porque el joven, aún no era mayor de edad, según esta familia Douglas.

La policía desesperada por quitarse de encima aquel caso, de muchos que tenían para esos días, además del agobio de tantas cosas por resolver, luego de algunas consideraciones, como que aquel joven era menor de edad, casi llegaba en los 18 años, decidieron entregarlo a la pareja, sus parientes más cercanos y posiblemente los únicos, quienes se lo llevaron a California.

En la ciudad de San Diego, los Douglas vivían en una enorme casa, ellos no tenían hijos y Santiago, quien ahora se llamaba Ernest, llego a llenar todas aquellas carencias. Por otra parte, observaban que el muchacho era muy dócil, cariñoso, no daba problemas y siempre estaba dispuesto a ayudar en la casa. Ellos tenían espacio tanto en su casa como en su corazón y algo de amor al recuerdo del hermano menor de Lucas, fallecido recientemente, mientras buscaba a su hijo, que no tuvieron mucho que hacer para estimarlo y querer al joven.

La conexión, fue casi perfecta, no tuvieron problemas en ubicarlo en su casa, siempre tenían largas conversaciones con el joven, donde le explicaban sobre sus padres, su casa y las circunstancias de cuando se había perdido. Santiago solo escuchaba, porque no recordaba nada de esas cosas. Luego buscaron como el joven se adaptará a su nueva situación familiar. Lo observaban y le preguntaban cosas para saber más sobre él, pero era como un libro en blanco, con el tiempo descubrieron que tenía ciertas habilidades con la pelota de basquetbol, ellos tenían un aro en el patio de su casa y lo miraban practicar y saltar.

Otro día cuando Ernest miraba un programa de competencias de skatebording por televisión, les pidió a sus nuevos padres, le compraran una tabla de skatebording. Salieron a comprar aquella tabla y cuando la tuvo bajo sus pies, era asombroso como aquel muchacho manejaba aquel aparato. Luego en casa le preguntaron donde había aprendido a patinar, se quedó pensando, algunas imágenes se le vinieron a la mente, pero no supo responder algo lógico, solo encogió los hombros, en señal de no saber nada al respecto. No sabía cómo aprendió, ni donde, pero sabia manejar aquella patineta con mucha destreza.

En esta casa de San Diego, con esta familia, el muchacho estuvo varios meses sin presentar problemas, un poco desubicado, pero fue adaptándose paso a paso, luego fue matriculado en una escuela, mientras se resolvía que hacer con los asuntos legales, identificación, etc., Ernest sabía leer y escribir por lo que muy pronto se adaptó a aquel lugar, lo ubicaron en la escuela según su posible edad, 17 años, empezó a tener algunos amigos, por el asunto de la patineta, se destacaba también en la escuela jugando basquetbol. Los Douglas estaban felices por tener en casa a este muchacho, quien solo buenas noticias llevaba de la escuela, por su destacada participación en los deportes escolares, ya se había ganado un lugar en el equipo escolar.

Un día, mientras caminaba por un centro comercial, vio a una pareja de cubanos, quienes hacían una exhibición y bailaban salsa, se emocionó de tal manera que sintió gusto por esta música pegajosa que le incitaba a moverse, no podía explicarse como era aquello, pero conocía sobre este tipo de baile, incluso sabia ejecutar algunos pasos, aprendidos desde niño de su madre cubana fallecida en el accidente pocas semanas atrás, pero que no recordaba nada.

Había aprendido con ella desde que era un niño y siempre que podía, bailaba su mamá, pero de eso no se acordaba, nada más su cuerpo ejecutaba aquella información, solo se expresaba el recuerdo motor en su cuerpo, pero además lo disfrutaba.

Ya en casa de los Douglas, les hacía preguntas sobre su padre y su madre, si a ellos les gustaba salir, si les gustaba bailar, si eran alegres, como eran ellos, porque sentía que él tenía atracción por la cultura latina, la música cubana, todo sobre ellos, pero los tíos, no conocían mucho sobre los gustos de sus padres biológicos, decía que su padre, el hermano menor de él, era alguien muy disciplinado, le gustaban los conciertos de música clásica, no le gustaba bailar, ni los alborotos de los conciertos de rock, incluso, sirvió por 3 años en la armada, donde se sintió a gusto, de donde solo se retiró por una herida de combate.

Para esos días, se enteró de una feria cultural de países de Centroamérica, esto no sabía cómo, ni porque, le llamó poderosamente la atención, buscó información y descubrió que sabía de muchas de las comidas tradicionales de uno de los países quienes allí exhibían su cultura, este era Nicaragua. Era algo inexplicable, porque según su tío, su padre jamás visitó ningún país de Centroamérica y su madre, era muy parecida a él. Pero todas estas cosas, llamaban su atención y su mente no dejaba de pensar en eso.

Por otro lado, después de casi 7 semanas de vacaciones, la hermana de Santiago de Jesús, Miriam del Refugio regresaba a su casa en Miami, cansada, pero feliz de haber hecho aquel viaje tan prolongado por Europa, había conocido todos aquellos maravillosos lugares con los que soñaba desde cuando era una niña. Al llegar a su casa, se sorprende al encontrar un montón de correspondencia citaciones de parte de la policía para que se presentara lo más pronto y rápido posible en la puerta de su casa, su buzón estaba abarrotado de tanto papel.

Aquella correspondencia tenía más de un mes de estar allí y cansada, buscó como comunicarse con su hermano, a través del teléfono celular de él, pero este no respondía de ninguna manera. Como era posible que no pudieran limpiar la casa, que se miraba sucia, como si nadie estuviera allí. Busco sus llaves y abrió, tanto dentro de la casa como afuera, la suciedad era similar. Estaba furiosa, hasta que abrió una de aquellos citatorios, donde le decían que debía presentarse lo más rápido posible en la delegación de policía de la ciudad.

Luego de leer, varias de las cartas de correspondencia, comprobó que casi todas, decían algo similar, por lo que tomo su teléfono y llamó a la delegación desde donde la estaban citando. Un oficial quien estaba a cargo del caso de su hermano atendió su llamada y en pocos minutos fue puesta al corriente del accidente fatal de su hermano, la esposa de este y su hija. Luego de reponerse del golpe emocional de aquella noticia, preguntó por su sobrino, Santiago junior. El agente, le dijo que en el carro no había ninguna otra persona. Solo las tres que perecieron calcinadas.

Entonces Mirian comenzó a explicarle que su hermano iba hacia California a conocer y a que su sobrino patinara en los parques de la ciudad de San Diego, famosos por los obstáculos y parques icónicos de esta ciudad para los practicantes de este deporte. Luego se pusieron de acuerdo para que ella llegara e identificara algunas de las pertenencias de estas personas. Pero en su oficina, el agente, comenzó a atar todos aquellos cabos sueltos con los que se había topado en la investigación del accidente, donde habían perecido estos turistas que se dirigían a San Diego, California.

Ahora, tenía sentido el hecho de que habían encontrado 4 teléfonos celulares quemados, los restos de una tabla de skatebording, 4 pequeñas maletas con ropa para la playa, donde una de ellas tenía ropa de un varón adolescente, además una gorra como las que en la actualidad usan los muchachos. Luego de unos minutos de estar reflexionando sobre el asunto, consultó con su jefe y este le ordenó que hiciera llamadas a los pueblos cercanos al accidente, para saber si habían visto a alguien con la descripción del sobrino de Mirian del Refugio.

En un lugar cercano a Laughlin, llamado Kingman, los miembros de la policía del lugar se sentían orgullosos por ser un sitio donde casi nunca había problemas, era un lugar muy calmado y tranquilo, a pesar de lo cerca que estaban lugares como las Vegas y el mismo Laughlin, conocido como el mini Las Vegas y otros lugares turísticos, donde los visitantes casi siempre andaban involucrados en situaciones fiestas, celebraciones, bebidas alcohólicas y algunos conflictos provocados por el alcohol. La familia de Santiago de Jesús, en su deseo por conocer, se había desviado de la ruta principal y directa hacia San Diego, la ciudad donde el muchacho grabaría una serie de videos de skatebording.

En uno de estos caminos, se encontraron con la tragedia, ahora un agente de la policía de la Florida, se comunicaba con uno de los agentes de policía de este lugar, el mismo por donde había pasado Santiago junior, pero sin un solo recuerdo de su familia, recién ocurrido el accidente de la carretera. El agente que tomó la llamada, era uno de los pocos que ignoraban todo el asunto del muchacho. Por lo que acordó con el agente de Miami, llamarlo en cuanto tuvieran alguna pista del asunto. Y así pasaron tres semanas, en las cuales, algunos sabían muchas cosas y otros no sabían nada.

Mirian luego de 3 semanas de espera, ansiosa y con los nervios a flor de piel, había hecho las diligencias generales para este tipo de casos, llamó a su familia en Nicaragua, hubo que hacer algunos trámites para dar cristiana sepultura a los restos de su hermano, la esposa y la hija. Pero el asunto del sobrino, aún estaba pendiente. Cada vez que podía, hacía alguna llamada a alguien conocido en San Diego, hizo varias llamadas a las estaciones de policía de cercanas al lugar del accidente. Solo en una ocasión logró comunicase con una oficial de policía que estaba de guardia ese día y gracias a eso, se enteró de alguien quien había llegado ese día del accidente y le prometió averiguar algo de lo sucedido.

Tres días después, Mirian tenía la información relacionada a la Familia Douglas, parientes del muchacho que había aparecido en las cercanías de Kingman, y varios detalles de los cuales la policía de Miami, no estaba enterada. Luego procedió a averiguar, el número de teléfono de las personas que habían llegado por el joven extraviado, incluso averiguó, sobre el asunto de la desaparición del joven y muchas cosas de las cuales las mujeres son capaces de averiguar.

Ese mismo día hizo la llamada a la familia Douglas de San Diego California, atendió el teléfono Lucas, quien, al escuchar a aquella señora de origen latino, preguntar detalles e información sobre su sobrino, reaccionó desconfiadamente. Luego de algunos minutos de conversación entre Mirian y los Douglas, en los que Lucas y su esposa expresaban las razones de su desconfianza, pero al poco tiempo se daban cuenta de lo desesperada de aquella mujer latina quien se disculpaba por aquella forma de buscar información para encontrar a su sobrino, explicaba lo desesperada que se encontraba buscando a su sobrino.

Luego, de una pausa extensa, este hombre, recordó los difíciles días cuando su hermano anduvo buscando a su hijo perdido, pidiendo información por todas partes, recibiendo insultos y rechazos. Entonces acordaron una visita de ella a su casa en San Diego, California. No le dirían nada al muchacho, para que no se sintiera incomodo, por otra parte, Lucas pensaba mucho en esas cosas que su sobrino decía en cuanto a su inclinación por la cultura latina y su gastronomía, todas esas cosas manifestadas de sus vagos recuerdos y sus preguntas e inquietudes respecto a las cosas que le pasaban al muchacho, pero no dijo nada sobre eso.

Incluso, por estas cosas que aparentemente recordaba el muchacho, había estado conversando con su esposa de sus intenciones de llevar a su sobrino con el médico y hacer una serie de exámenes, para saber sobre todo aquello. Pero por lo feliz que se mostraba el muchacho, había postergado ese asunto, el joven era normal, despreocupado, activo, ya había hecho amigos en la escuela, muchos de sus amigos lo estimaban, se había adaptado rápidamente a su nuevo entorno, por eso no estaba muy preocupado, pero ahora, con esta nueva situación, Lucas se sentía algo incómodo.

Lucas tuvo una extensa conversación con su esposa, al inicio, ella se mostró desconfiada, luego de varios minutos de conversar con su esposo, comenzó a mostrarse dispuesta a confrontar aquella nueva situación de su familia. En poco tiempo se había adaptado a pensar que este sobrino, se había convertido en su hijo, pero como el asunto estaba reciente, su corazón de madre, aún no estaba completamente comprometido. Luego establecieron un plan para recibir a aquella mujer que decía llamarse Mirian, decidieron establecer una fecha de la visita y dispusieron de todo lo necesario para aquella reunión.

La visita sería un martes por la tarde, cuando Santiago, estaba en sus prácticas de basquetbol con el equipo de la escuela donde estudiaba, eso les daría suficiente tiempo para valorar la situación, conocer detalles sobre lo que buscaba aquella mujer y asegurarse de que no había ningún tipo de peligro para la estabilidad mental del muchacho y la de ellos mismos. Porque después de toda la tragedia con la pérdida del sobrino, luego las muertes de su hermano y la esposa de este, las cosas estaban tan delicadas que no se podían poner peor.

Aquel día, Mirian había llegado a la ciudad de San Diego, California unas horas antes, buscó alojamiento en un hotel cercano a la residencia de los Douglas y se disponía a resolver aquella situación, para tranquilidad de ella y de su familia en Nicaragua. Ella no tenía hijos, siempre había priorizado su trabajo. Desde cuando era una jovencita y vivía en su país de origen, siempre había desconfiado de los hombres. Los observaba como a seres de los cuales se debía desconfiar y sus metas y aspiraciones, se centraron en salir de las condiciones económicas desfavorables en las que había nacido.

Era la menor de 4 hermanos, 2 mujeres y 2 varones, su madre y su padre había trabajado fuertemente, para levantar a aquella familia, las condiciones siempre habían sido duras y gracias a becas de estudio y algunas oportunidades que había aprovechado con mucha diligencia y empeño, ahora tenía su negocio de confección de ropa para niños, había empezado a tener éxito en este país. Las cosas nunca fueron fáciles, siempre tuvo que enfrentarse a la competencia en los negocios, pero después de casi 20 años de lucha, ahora tenía un negocio estable, con una cartera de clientes estable. Le estaba yendo bastante bien, según su apreciación.

Mirian, lucia como una mujer exitosa, segura y muy competitiva. Su apariencia era la de una persona sencilla, siempre vestía como una mujer joven y lucia joven también. Cuando la hora de la visita a casa de los Douglas se acercaba, bajo al lobby del hotel y desde allí buscó un taxi Uber desde su teléfono celular. Introdujo todos los datos que la aplicación requería, luego de unos minutos, observó en la app que el taxi estaba muy cerca y salió a la calle a esperarlo. Un Toyota Corolla Ápex edición 2021, color plata se detuvo a la par de donde ella estaba, un joven abrió la ventalla del conductor y después de comprobar en su celular le preguntó: ¿Mirian?, ella respondió: ¿Es usted Max?, si respondió el conductor. –

Acto seguido, ella abrió la puerta trasera del auto, entro y se sentó. Luego ella preguntó si la dirección estaba clara, intercambiaron otras palabras y el auto salió rápidamente en dirección a la casa de los Douglas. Faltaban unos 15 minutos para la hora de la cita. Mirian estaba tranquila, pero muy dentro de su pecho, el corazón le daba algunos altos, el estómago lo sentía vacío, y recordó que había almorzado muy temprano. Durante el camino a la reunión pensaba que decir, como actuar para no crear problemas a esta familia.

Sabía que el muchacho no iba a estar en la reunión y esto le perturba un poco, porque pensaba que, estando el muchacho, de una sola vez se resolvería el asunto, pero, no quiso presionar en eso, para que la familia la recibiera sin problemas. También sentía que esta familia, había aceptado reunirse con ella para conocer algunas cosas sobre este joven, a quien habían obtenido de forma casual con la policía del poblado Kingman. Seguramente, ellos no estaban totalmente convencidos de quien era el joven.

Luego de 10 minutos de viaje, llegaron a una casa en los suburbios de San Diego, la residencia era grande, con amplios jardines a su alrededor, estaba pintada de un tono gris claro, combinado con partes blancas, un hermoso corredor frente a la casa y un césped muy verde, a la par de esta casa había un árbol nativo de California conocido como Alamy de unos 2 metros de alto. Al llegar el auto y detenerse frente a la propiedad. Ella bajó y cerró la puerta, dio las gracias y se dirigió hacia la entrada.

Un poco antes de llegar, alguien abrió la puerta principal y un hombre de mediana edad, vestido de camisa manga corta a cuadros, pantalón color caqui le dio la bienvenida. Dentro, estaba su esposa vestida de una blusa blanca y pantalón azul oscuro, muy cómodo, quien estiró su mano y se presentó como Kathy, esposa de Lucas. Luego ofrecieron algo de tomar a Mirian, conversaron algunas cosas sobre el clima de California, hicieron algunas preguntas sobre Miami y después de aquella conversación casual, para descongelar la situación, empezaron a hablar del asunto.

Mirian empezó hablando sobre quien era ella, sus orígenes y sobre su hermano Santiago y la familia de este. Contó todo lo sucedido previo al accidente y quienes eran estas personas, luego sacó de su cartera una seria de fotos de su hermano y la familia de él, quienes había llegado de vacaciones, su sobrino estaba entusiasmado por conocer San Diego, California, donde pensaba patinar por algunas de las calles de la ciudad, donde otros jóvenes patinadores lo hacían y grababan videos que entusiasmaban al sobrino.

También comentó sobre el plan de esta familia de conocer la zona, por lo que iban haciendo paradas en algunos pueblos para conocer, desde Miami a California. Luego sobre lo que la policía le había explicado del accidente y sobre la desaparición del sobrino, de nombre Santiago, igual que su padre y hermano de ella. También les dijo sobre que después el vehículo donde iba esta familia, se había incendiado y que al final solo encontraron los restos de 3 personas, pero no a su sobrino. Mirian lloraba mientras relataba todas estas cosas, Kathy, al ver llorar, también se puso a llorar, mientras Lucas, buscaba un vaso de agua en la cocina.

En eso estaban muy emotivos todos, cuando repentinamente se abrió la puerta principal y entro Santiago, estaba sudado, después de las prácticas de la escuela, al entrar, miro a todos y repentinamente, miró a aquella mujer reunida con sus tíos y de forma automática extrañado dijo:
¿Tía Refugio? -

Todos quedaron en shock, hasta Santiago mismo, quien no sabía de donde había sacado aquel nombre. Los Douglas estaban como si habían visto un fantasma, ni siquiera el muchacho entendía como era que conocía el nombre de esta señora. A Mirian nunca le había gustado que le dijeran Refugio, pero en esta ocasión ese nombre había sonado para ella como el nombre de un ser angelical, un nombre que terminaba con una angustia de varias semanas alojada en su pecho. El muchacho había llegado a casa por un accidente con su pantalón.

Luego de aquel momento que duró como si fuera una eternidad, conversaron ampliamente, se aclararon varias cosas para Santiago y para los Douglas, después de varias horas de aclaraciones, acordaron hacer todas las diligencias necesarias para aclarar y resolver toda aquella situación, irían con sus abogados para resolver todo según lo conveniente para el muchacho.

Luego de varios tramites, Santiago decidió quedarse con los Douglas, pero ahora sabía quién era él, ahora esta familia de San Diego, California ampliaban a su familia, tenían un pariente latino, una tía en Miami y poco a poco todo se fue acomodando según los deseos de estas personas, con alguna que otra situación compleja, que arreglaban convenientemente deseable para todos, con el cariño, armonía y deseos de resolverlo con inteligencia, calma y amor filial.

FIN.

La tajona de cuero, el poder de un panóptico

Muchas tragedias de la actualidad las personas de la mediana edad o mayores, lo atribuyen a la falta de educación de las nuevas generaciones. No sé hasta dónde, eso sea razonable y cierto. Porque en mi caso específico y el de mis hermanos y hermanas, nuestra educación formal, la que, recibimos en nuestros hogares, fue a la manera antigua. Y viendo el resultado, ahora que todos somos adultos y viejos en algunos casos, nunca hemos necesitado de terapia con psicólogos o especialistas de la educación quienes nunca han tenido hijos, pero son expertos en cuanto a la educación de los hijos.

Hasta me suena como algo diletante de quienes dicen y recomiendo esto o aquello sobre temas que sospecho nunca han experimentado. Pero bueno, eso es un tema para nunca terminar. Mi abuela materna con la que mis hermanas y yo nos criamos, era una mujer de antaño, con un código moral muy específico, algunos conceptos de disciplina para los hijos de casa proscritos en estos tiempos. Ella había sido educada dentro de una familia donde la disciplina rayaba casi en lo militar.

Ella nos contaba que su madrina, porque ella quedo huérfana a los 6 años de edad, solo carraspeaba o le lanzaba una mirada para que ella rectificara su conducta de lo que estaba por hacer o rectificara su comportamiento de ese instante. Y así mismo procedió con la educación formal nuestra. Había que saludar con las manos juntas y a la altura del pecho y decir:
Buenos días le de Dios, abuelita. –

Luego ella podría decir:

- Santito mi niño, Dios le bendiga a usted también. –
Era una salutación especifica, nada de darle la mano y saludarla como si fuera mi amiga. No, había que mostrar respeto, siempre. No había excusas, ni dejar eso como algo descuidado. Incluso cuando se trataba alguna visita casual a la casa y era mayor de edad, debía saludar de esa misma manera.

Por otra parte, si llegaba una visita, el chavalo tenía que irse a otra parte, no debía estar en medio de la plática de las personas mayores. Pero si no era posible salir, tenía que estar calladito.

Recuerdo como a mis hermanas y a mí, nos había instruido sobre estas cosas y lo repetía de vez en cuando.

- Si alguno de ustedes, hace algo que no debe hacer, solo voy a ver dónde está colgada la tajona de cuero, para que sepan que, si siguen comportándose mal y faltando al respeto, esa tajona va a llorar sobre ustedes. Ya saben. -

Y al principio de este régimen disciplinario, a mí por ser el mayor, me tocó ser donde se modelaron todos los castigos y todos aquellos comportamientos que merecían del castigo con aquella tajona de cuero. Este aparato represor, tenía 3 cuerdas de cuero, estas cuerdas eran de una vieja máquina de coser marca Singer, los últimos pedazos de ella, logre verlos antes del terremoto de 1972, en el fondo del patio de nuestra casa.

Luego mis hermanas, por ser niñas y para no dejarles marcas en el cuerpo, eran tratadas sin la violencia de la tajona, en ellas se utilizaba el consejo, el regaño, porque según mi abuela:
Podrían acostumbrarse al golpe y si se habituaban a los golpes del marido. creyendo que así es como se tratan las personas, la pasarían muy mal. -

Por eso a ellas en la mayoría de las veces, se les aconsejaba, en ocasiones con fuertes palabras, para que entendieran, pero para mí, estaba la tajona de cuero. Por eso cuando llegue a la adolescencia y mis ideas se fueron transformando, por las influencias de los amigos de la escuela, nos escapábamos durante el recreo y salíamos a explorar el barrio, visitar lugares, aparentemente prohibidos o peligrosos.

Porque parece que los seres humanos, cada vez que alguien nos dice lo contrario de algo que nuestro tutor, madre o padre nos ha prohibido, decidimos ir a comprobarlo, ver lo que pasa y aún más cuando alguien nos dice que está bien y que no es tan malo, entonces nos metemos a problemas. Algo parecido le sucedió a Eva, la madre de todos, según la Santa Biblia.

En esos días, asistíamos a la escuela del barrio María Auxiliadora, esta escuela estaba en la propiedad de la iglesia del mismo nombre, de donde había tomado también el nombre este barrio. Cerca de allí, cuando aún las calles eran de tierra y en la época de lluvias se convertían en ríos, estaba una cantina llamada "El paso de la Vaca", este era un lugar donde vendían bebidas alcohólicas populares, le decían así, según algunos, porque así era como salían quienes llegaban a tomar aguardiente o guarón, de este lugar. Pero quizás haya sido por otra cosa.

El asunto es que alguno de los muchachos mayores sugirió que fuéramos a probar el guarón de este lugar y comprobar si era cierto que caminaríamos como una vaca. Yo, educado según los estándares de mi abuela, lo primero que se me vino a la mente fue aquella tajona.

Este instrumento represor se apareció en mi cerebro como un panóptico, algo tan grande en mi mente, que se me comenzó a hacer un enredo. Yo quería ir donde iban mis amigos, pero a la misma vez, mi cuerpo, mi inconsciente, no me dejaba ir. A pesar de que mi abuela no estaba allí, casi la sentía a mi lado o sentía su estricta mirada en mi cuerpo, ella con su expresión me decía:

- Si haces eso, ya sabes lo que te espera y me señalaba la tajona. -

Al parecer, mis amigos se dieron cuenta de la lucha interna que tenía conmigo mismo, que empezaron a preguntarme, que me sucedía. Luego, al parecer me desconecté de todo y salí corriendo hacia la escuela, porque nos habíamos escapado durante el recreo, para explorar el barrio nuevamente, pero ahora unas cuadras más adelante.

Todos salieron detrás de mí, creyendo que algo me sucedía, pero al comprobar que solo era miedo, comenzaron a reírse de mí, a ridiculizarme y hacer que me sintiera mal. Pero fue así, como comencé a alejarme de este tipo de amistades. Así mismo, cuando ya fui un hombre, muchas cosas que el conjunto de valores éticos y morales míos me indicaban que no estaba bien hacer, no los hacía, aunque nadie me estuviera vigilando.

La tajona de cuero, se convirtió en la imagen que me ayudó a no meterme a hacer cosas que no me convenian. Y siempre algunas personas me decían lo mismo, pero si nadie te está viendo, a nadie le importa si haces esto o no lo haces. Por eso, tengo la consciencia tranquila, no es que yo sea un santo puro y sin mancha, hay algunas cosas que no hago, porque algún día, en algún momento, voy a tener que responder por mis actos, por aquellas cosas que hice y por las que no hice.

Aunque sé que es Dios quien me mira, por eso no hago las cosas que sé que están mal. Aunque también esté reflejado en aquellas leyes del país, que señalan y aprueban como buenas o como malas. Así se me hace más fácil cumplir, sin sentirme incómodo.

137

FIN.

El niño del carretón

Por las mañanas y por las tardes, miraba a aquel pequeño, no mayor de 8 años, quien pasaba empujando un carretón de madera, excelentemente elaborado con ruedas de buen tamaño para aligerar el peso de las cosas, donde transportaba manojos grandes de leña, montones de basura con dirección al botadero del pueblo, otras veces acarreaba los mandados de alguien que regresaba del mercado, cargado con frutas y compras variadas, o cargaba grandes cantidades de papel periódico y los llevaba a algunas pulperías que lo utilizaban como empaque y en ocasiones llevaba a botar los residuos del taller de carpintería de su padre.

Siempre caminaba metido en sus pensamientos, concentrado en sus sueños o en algo importante para él. Tenía una mirada como de quien siempre está resolviendo grandes problemas, sus ojos grandes y mirada pura, sin malicia denotaba algo de ansiedad, preocupación por algo, pena quizás, deseo de aceptación, no podía saberlo. Nunca se le vio enojado o contrariado con algo, siempre rumiando alguna idea, alguna preocupación, eso sí. Algunos decían que quizás era por las situaciones de pobreza que había en su casa, pero los pobres en este pueblo abundaban y ninguno de los muchachos de su edad mostraban ese aspecto de quien sufre por algo.

Era uno de los hijos de don José Pablo Fuertes, el menor de ellos, a su padre, le gustaba mucho leer. Sus hermanos y hermanas mayores, eran jóvenes trabajadores del campo o de alguna de las organizaciones que existían en el pueblo. Don José era carpintero. Cotizado como un excelente ebanista decían algunos clientes. Su esposa Himilce de la Concepción, era una mujer de particular aspecto, siempre parecía estar enojada, además era consistente de su forma de tratar a su hijo menor, llamado Sixto Eugenio.

La mamá de Himilce de la Concepción, doña Isabel de la Concepción, era una joven campesina de Cartago, Costa Rica. En esos años, su familia estaba pasando serios problemas económico, dado que su padre había fallecido de una extraña enfermedad. Por tanto, sus ojos se volvieron hacia Nicaragua, el país vecino. Para esos años era más próspero que su país, a pesar de los constantes conflictos bélicos que afectaban a las ciudades.

En las zonas cercanas a la frontera, algunas muchachas que vivían cerca, llegaban a las ciudades más próximas, pero con potencial de ofrecer empleos, buscando trabajar en alguna de las haciendas de Rivas o Granada, desempeñándose como empleadas domésticas y en el caso de los varones como jornaleros o peones de las haciendas de los terratenientes de La Gran Sultana, Granada.

La abuela de Sixto, llamada Isabel y mamá de Himilce, trabajaba en la casa de un rico hacendado granadino, hombre influyente en la política granadina, heredero de los señores latifundistas españoles de algunos años atrás, había sido candidato importante a la presidencia de Nicaragua, hombre de familia honorable y de muy buena educación. Un día, no se sabe mediante que artes, convenció a Isabel a tener relaciones maritales con él. Ella era trabajadora doméstica en su casa, era blanca, alta, de muy buenas formas físicas femeninas, agradable conversación. Después de los incontables encuentros clandestinos en los rincones de aquella vieja casa granadina y en los sitios más inverosímiles, con esta agraciada muchacha de Costa Rica, nació Himilce de la Concepción.

Mientras este afamado señor, estuvo con vida, disfrutando una vida licenciosa, en compañía de Isabel, Himilce y su madre gozaron de ciertos cuidados y privilegios de parte de este hombre, quien se manejaba con tanta discreción que nadie en esta ciudad podía afirmar algo sobre sus encuentros infieles. A estas mujeres, las había colocado en una pequeña casa de la ciudad de Granada, cercana al puerto del lago Cocibolca, a ellas, nunca les faltó nada, pero este señor nunca se dispuso a reconocer legalmente y por escrito a esta niña como su hija, esos eran otros asuntos legales y morales de la época, eran tiempos de actuar farisaico.

Las personas alegaban mucho sobre este asunto para supuestamente proteger el derecho legal de unos y quitárselos a inocentes, quienes luego de un tiempo quedaban en completo abandono, para después ser castigados por la sociedad y por personas, que se llenaban la boca de moralidades y acusaciones, a pesar de estar en plena consciencia de sus actos y al amparo de una sociedad que juzgaba y luego hacía de verdugo. Lo mejor de todo, lo increíble, era que, al verdadero culpable, nunca se le acusaba de nada, antes bien, era protegido.

Eran tiempos complejos y evidentemente hipócritas de la sociedad. Una vez que murió el padre de Himilce, sin dejar testamento por escrito, ni nada para proteger a su supuesta hijita adorada, Himilce de la Concepción fue ignorada, despojada de cualquier posibilidad de herencia de bienes, dinero o cualquier cosa que la beneficiara como hija, aunque ilegítima de este honorable señor.

Las hermanas y hermanos de sangre de Himilce, se encargaron de ejecutar sentencia e intervenir para no dejar nada de los bienes de este honorable señor en las manos de esta niña inocente, por la equivocada actuación de 2 personas adultas, con el conocimiento y al amparo de la sociedad de aquellos días. Desde muy pequeña enfrentó la injusticia y el señalamiento de una sociedad que aparentaba honor, dignidad y humanidad, pero que en realidad actuaba de forma implacable contra los débiles.

El padre de Himilce, se cuidaba de las miradas de las personas y solo por las noches visitaba a Isabel de la Concepción, casi siempre cuando las familias de esta ciudad se recogían en sus casas a descansar, él llegaba a visitar a su mujer, para gozar de noches de pasión, allí mismo le daba para los gastos de la semana y muchas promesas para ella y su hija. Prometía que nunca quedarían desamparadas, hasta ya había arreglado su testamento para dejarle una importante propiedad a su hija cercana al cementerio de la ciudad, la muchacha creía en su corazón que todo eso era posible, porque miraba la pasión y el enamoramiento de este hombre.

Porque al hombre infiel a su esposa, a quien había cometido el crimen, nunca se le reprochó absolutamente nada, antes bien, lo elogiaban como alguien correcto, digno y honorable por sus actuaciones en la sociedad granadina, pero a la hija bastarda, se le despojó de todo y por algún tiempo tuvo que vivir en el abandono. Acompañada de miseria económica, malos tratos, hasta que creció, se hizo adulta y empezó a luchar para ella y su madre, ahora vieja y enferma. Himilce empezó a trabajar en lo único que sabía hacer, como empleada doméstica.

Ahora estaba en la mayoría de edad, 16 años y nada había cambiado en su vida, una madre vieja y enferma, vivían en una casa que no era de ellas, pagaban una renta que no les dejaba casi nada para alimentos. Hasta que un día conoció a este humilde carpintero llamado José Pablo Fuertes. Aún eran solo unos muchachos, pero desde la primera vez que él la había visto, no dejaba de pensar en ella, hasta que un día se decidió y después de darle vueltas y ganarse su confianza le declaro su amor, le ofreció protección y compañía, vivirían en una pequeña casita cercana al puerto, donde, además, tenía un taller de carpintería. Ellos se conocían desde cuando eran niños, eran vecinos del mismo barrio.

Cuando niños, ni se miraban, solo años más tarde, cuando Himilce era una jovencita, este vecino, conocido por todos en el barrio donde vivían, se le empezó a insinuar, a mostrarse muy atento ya migable con ella. Luego de algún tiempo y de llamar su atención le pidió que fueran novios, 6 meses después le pidió casamiento, le ofreció su amor, ella ni se había dado cuenta de la existencia de José Pablo, tenía demasiados problemas para poner atención en los hombres que solo problemas ocasionaban, pero fue tanto el seguimiento, que Himilce entendió que no se libraría de este joven que decidió escucharlo, con el tiempo le tomó cariño.

Ella aceptó a José Pablo y unos años después, procreaban 6 hijos, 3 de ellos varones y 3 hembras, entre ellos a Sixto. La situación económica en esta familia, siempre fue muy precaria, pero José Pablo siempre fue un hombre esforzado, comprometido con su familia y con mucho esfuerzo logró darles alimento, techo, vestido y educación a todos sus hijos, con algunas carencias, pero lo fundamental estaba. Él era analfabeto y observaba como sus hijos aprendían cosas en la escuela, donde nunca pudo asistir por estar trabajando de ayudante carpintero, para su padre primero y para su familia después. Observaba extasiado la forma como iban creciendo en inteligencia sus hijos, por lo cual decidió aprender a leer por su cuenta.

Siempre quiso saber leer, escribir tener esta habilidad maravillosa que permitía a las personas quitarse la ignorancia de encima. Imprimir sus ideas en un documento, por la posteridad. Tener argumentos en las discusiones intelectuales con sus amigos quienes llegaban a visitarlo, pero, sobre todo, ser parte de la ayuda a sus hijos quienes llegaban de la escuela preguntando cosas que él no entendía, no sabía cómo responder.

Desde muy joven no tuvo otra salida que trabajar, aprendió el oficio de carpintero por su padre, no tuvo otras opciones en su vida, era un hombre muy sagaz, observador y rápidamente aprendió el oficio de la carpintería, incluso años más tarde, se especializó como ebanista, una especialización de la carpintería muy bien valorada y más o menos mejor remunerada.

El trabajo en su taller no le daba tiempo para nada de las cosas que le gustaban hacer o practicar. En ocasiones tenía grandes debates con sus amigos y vecinos del barrio, quienes llegaban a conversar con él a su taller. Sus hermanos varones, igual que él, habían asistido a la escuela primaria y secundaria del pueblo, pero cuando entraron a la adolescencia, había una urgencia para que empezaran a trabajar, la economía familiar lo demandaba, había mucho trabajo, pero poca remuneración.

No era la gran cosa, pero al menos daba para ayudar en la economía familiar, donde solo existía el ingreso de este padre de familia por medio de la carpintería. Algunos de sus hijos mayores le ayudaban en las labores del taller donde se fabricaban sillas, mesas, puertas, camas bellamente decoradas con piezas de madera producidas con la habilidad de ebanista aprendida desde niño.

Todo el mundo trabajaba en esta familia, desde el más grande al más pequeño, en el caso de las hijas mujeres, ellas ayudaban en todas las tareas de la casa. Mientras los varones buscaban en la calle, las mujeres hacían todo lo que tocaba hacer en la casa, que era más agotador, pero menos apreciado. Cuando los hijos mayores de José Pablo comenzaron a ayudar a su padre en el taller o, a trabajar en alguna empresa, empezó a tener el tiempo para hacer algo que siempre quiso aprender, leer y escribir. Fue cuando se puso muy juicioso y concentrado a aprender, fue un autodidacta, en menos de 6 meses ya podía leer y en 4 meses más, ya podía escribir.

Fue entonces cuando este humilde carpintero desató su pasión por la lectura, los temas que más le llamaban la atención era la política, la naturaleza y la geografía. Luego escribía sus reflexiones y las enviaba al periódico de la ciudad de Granada. Sus hijas se reían de él, porque apenas unos meses atrás había aprendido a leer y escribir. Pero en el fondo se sentían orgullosas de su padre, quien había aprendido solo, algo muy difícil para muchas personas, mientras él lo hizo solo, por su propia cuenta.

Pero también, este hombre era poseedor de un pensamiento muy claro, preciso, llamativo. Los debates con sus vecinos y amigos, a pesar de que eran muy contradictorios eran justos, pese al paripé que armaban durante sus discusiones, José Pablo imponía criterios, no por su testarudez, sino por lo simple de sus argumentos, todos sabían que era una persona procomunista, pero planteaba sus argumentos desde su perspectiva de obrero calificado, como hombre de empresa, esto era algo que no se comprendía para nada bien en esos días.

Los varones de esta casa asistían a la escuela primaria, cada año, hasta que aprobaran la primaria y la secundaria, pero se justificaban en continuar o no, si ya tenían un trabajo fijo. Cada año, esta familia tenía que incurrir en un tremendo gasto en la compra de cuadernos, muchas veces lo resolvían con cuadernos de papel de envolver, ropa y zapatos.

Para los varones, este gasto era hecho cada año, para las mujeres, era diferente, un año si y el otro año no, en esa época se manejaba que las mujeres no necesitaban estudiar tanto, ya que cuando se casaban, se dedicaban a cocinar a parir chavalos, a cuidar de su marido y la casa. No era necesario que estudiara tanto y ellas mismas así lo decían y se lo imponían a sus propias hijas.

Cuando esta familia tenía 5 hijos, entre ellos 2 varones y 3 mujeres, Himilce ya no deseaba tener más hijos. Para esa época, no había planes de planificación familiar, ni mucho menos programas financiados por el gobierno, por tanto, había que tener todos los hijos que Dios enviara. Ella había estado siguiendo algunos consejos de sus amigas, para no salir embarazada, pero cuando menos lo esperaba, se enteró de que estaba esperando su 6to hijo. Esto fue una tremenda decepción para ella, se puso furiosa por aquel embarazo, en ocasiones se golpeaba la pequeña barriguita que ya se le notaba.

Mientras José Pablo estaba feliz por su hijo, quien venia en camino, ella estaba más frustrada y furiosa por aquel embarazo no deseado por ella, pero no lo manifestaba abiertamente a su marido. Himilce de la Concepción, no quería otro hijo, ella era una mujer amargada, decepcionada por lo que le habían hecho los hijos de su padre biológico y ahora con esta barriga no deseada, su vida era una completa decepción. Se quejaba de todo y de todos, sus hijas trataban de consolarla, creyendo que eran síntomas de su embarazo y la ayudaban con todos los quehaceres de la casa, no permitiéndole hacer nada, pero ella no decía la causa de su mal humor.

Cuando nació, 9 meses después, mientras el padre y todos sus hermanos festejaban el suceso, Himilce respiraba aliviada de que aquel pequeño saliera de su cuerpo. En esa época, las mujeres parían con la ayuda de parteras, quienes eran expertas en estos asuntos. Era un varón y José Pablo festejaba con sus amigos en el taller de carpintería, bebiendo un trago de aguardiente de una botella que ellos llevaron. La crianza del pequeño, fue similar a la de sus otros hermanos mayores, sin muchas atenciones y con algunas carencias.

Como en la casa siempre estaba alguna de sus hermanas, su madre se desatendía del él, aunque esto no causaba extrañeza, José Pablo observaba aquello, poco a poco fue descubriendo que Himilce no quería a este niño, su amor era dedicado a los mayores, para atender al pequeño Sixto, enviaba a una de sus hijas, ella no quería tocarlo, evitaba siempre darle cariño, atenciones o algo que normalmente se les daba a los pequeños como él. Pero este padre, nunca hizo reclamos a esta madre desamorada, antes bien, él mismo se encargó de dar cariño al pequeño, hasta que todos llegaron a decir que era el mimado de su padre.

Con el tiempo este pequeño llegó a comprender que en asuntos de conseguir algo de cariño y amor filial, solo podía conseguirlo con su padre. Estaba claro, que solo el roce, produce cercanía y luego un verdadero amor filial. Como esta madre, normalmente tenía una actitud de ser una mujer amargada, entonces casi no se notaba que el rechazo hacia este pequeño existía. Siempre estaba diciendo a todos en casa y fuera de casa lo tequioso y agobiante que era su trabajo en casa, esto seguramente con la intención de adelantarse a algún reclamo por la falta de atención al pequeño Sixto.

Pero con esto, su padre sin proponérselo, tenía la excusa perfecta para dar al pequeño algo de atención y amor. Pues pasaba todo el día dentro de la pequeña cuna de madera, que él mismo había hecho para el primero de sus hijos y desde entonces, este mueble seguía siendo útil. Entonces varias veces durante el día, lo sacaba de su cuna, donde muchas veces lloraba pidiendo atención hasta aburrirse, quedar cansado y volvía a dormirse.

Cuando lo sacaba de aquella cunita, lo llevaba a su taller, donde le explicaba las funciones de cada máquina, herramienta y materiales en proceso que había en su taller, mientras el mayor de sus hermanos que ya trabajaba, ayudando a su padre, lijaba alguna pieza de mueble o cama en proceso de fabricación.

Cuando Sixto ya tenía edad, para ayudar, se le enviaba a hacer mandados, pero su madre siempre estaba reclamándole por las equivocaciones en lo que compraba, para ella el muchacho nunca hacía bien las cosas. Por esto siempre era regañado y en ocasiones castigado. Por esta razón su padre lo había tomado especialmente como mandadero del taller de carpintería. Aunque su madre siempre estaba sobre las múltiples fallas del muchacho.

Luego llegó la edad de ir a la escuela y como siempre, la familia se miraba en aprietos para comprar los artículos escolares para todos sus hijos. Aunque buscaran alternativas como cuadernos de papel de envolver, uso de la ropa que dejaban los mayores, con algunos ajustes para los menores y reparación de los zapatos y todo lo que había que hacer para equipar a los niños y enviarlos a la escuela. Sixto era el orgullo de su padre, porque nunca dio problemas de conducta, siempre fue un alumno bueno al menos nunca presentó situaciones en las que sus padres tuvieran que ser llamados por la dirección del centro escolar por mal rendimiento o comportamiento.

Entonces su mamá decía que era porque Sixto era demasiado vivo y aún no lo habían descubierto lo zorro y bandido que era. Esta mujer no creía que su hijo fuera un muchacho excelente. Muy por el contrario, era lo que pensaba de sus hijos mayores, quienes ya trabajaban y de vez en cuando la agasajaban con algún regalito cuando recibían los pagos de su jornada laboral. Por otra parte, de vez en cuando y con mucha amargura, relataba todo lo malo que la habían tratado sus hermanas y hermanos ricos para despojarle de su derecho a herencia de su padre.

Las necesidades económicas de esta familia eran tan grandes y permanentes que los muchachos desde que podían agarrar un machete, ya podían ir a buscar un trabajo de lo que saliera y ellos mismos pudieran hacer. Un día, cuando los hermanos de Sixto ya eran jóvenes mayores de edad, determinaron irse a las bananeras del vecino país, donde las empresas gringas requerían de abundante mano de obra. Sixto tenía a estas alturas 8 años, ya estaba muy avanzado en la educación primaria. Era muy buen alumno de la escuela, había sido promovido al grado inmediato superior por leer muy bien.

Una vez que Sixto tuvo edad para ayudar económicamente en la casa, su padre le construyó un pequeño carretón de madera, con ruedas de madera, revestidas de caucho, para hacerlo más ligero al empujarlo. Con esta herramienta, además de colaborar con mandados del mercado para la casa, Sixto inicio su negocio de transporte en el barrio donde vivía. Mientras no tenía clases, pasaba muchas horas en el mercado esperando por alguna de las compradoras del único centro de compras popular de la ciudad para ofrecer sus servicios de transporte y llevar las compras hasta sus casas.

También, botaba basura del taller de carpintería, otros vecinos lo buscaban para tareas similares y con esto el muchacho lograba ganar algún dinero, poco, pero con mucha ilusión ganaba para comprarse cosas que sus padres no podían darle. Un día pensado en qué hacer con el dinero que ya había acumulado, decidió comprarse un diccionario inglés-español y comenzó a estudiar por su cuenta este idioma, algo similar a lo que su padre había hecho para aprender a leer y a escribir.

Con el paso del tiempo y combinando la escuela, el transporte y el autoestudio del idioma inglés, logró aprender solo, por su propia cuenta a leer fluidamente, comprender alguna conversación de algún turista que pasaba por la ciudad y se lo encontraba en el parque o el mercado.

Siempre se le miraba al muchacho empujar aquel pequeño carretón por las calles de Granada, concentrado en sus pensamientos, quizás repasando sus lecciones de inglés, solo paraba cuando esperaba clientes en el mercado, pero hasta en este lugar se le miraba concentrado en alguna lectura, un pensamiento o escribiendo algo, era una dedicación completa por parte del muchacho, solo así pueden aprenderse muchas cosas en las ciencias, los idiomas, cualquier tipo de saber, puede aprenderse con dedicación y esfuerzo.

El muchacho llegó a tener un buen dominio del idioma, claro que con algunas deficiencias en el acento y algunas expresiones idiomáticas. Cuando llegó a los 14 años y sus hermanos mayores estaban convencidos de que había que hacer algo diferente para adquirir mejores ingresos, se dio la conversación de que, en las bananeras de Costa Rica, estaban contratando mano de obra en abundancia.

Entonces, con la bendición de sus padres, determinaron irse los 2 mayores, pero Sixto, les dijo que también quería ir con ellos. Pedro y José volvieron a ver a sus padres para escuchar si aprobaban el deseo del menor de los hermanos, entonces José Pablo, dijo que si, que estaba bien que fuera también el muchacho, para que terminara de hacerse hombre.

Su madre no dijo nada, ni siquiera hizo algún gesto de preocupación por su hijo menor. A la siguiente semana, muy temprano, antes de salir el sol, salieron estos 3 hermanos, con la bendición de sus padres buscando un transporte hacia la frontera, que se miraba como un viaje muy lejano.

Ese mismo día, llegaron a Costa Rica, luego tomaron un bus para llegar a la ciudad Puerto de Limón, inmediatamente buscaron la oficina principal de la empresa United Fruit Company, se entrevistaron con uno de los gringos a cargo y mientras a los hermanos mayores de Sixto les daban un machete y los enviaban al lugar donde se desempeñarían como mozos jornaleros de limpieza y carga, al muchacho le indicaban un lugar en las oficinas, por su dominio del idioma inglés.

Sixto se adaptó rápida y fácilmente a este su primer empleo, allí se quedó por muchos años, hasta que la empresa cerró operaciones comerciales en el lugar. Pero el muchacho nunca más regreso a Nicaragua. Dicen que cuando llegó a los 18 años, se juntó con una lugareña llamada Mercedes, con ella procreó una familia de 5 hijos, algunos dicen, que nunca regresó a Granada, dicen que de vez en cuando escribía a sus hermanos y hermanas, cierta vez su padre llego a la Provincia de Limón a verlo y conocer a sus nietos. Pero su madre nunca más volvió a verlo, tampoco quiso ir a visitarlo en la ocasión que su esposo fue.

Ella decía que, si sus hijos querían verla, que ellos sabían donde vivía, algunos años después, Sixto llego en la ocasión de la muerte de ella. Fue una visita rápida, visitó a cada uno de sus hermanos y hermanas, quienes ya tenían su vida propia y habían formado sus propias familias, algunos eran dueños de algún negocio, como sus hermanas, que tenían tramos en el mercado de la ciudad y solo por las noches llegaban a sus respectivas casas, otros seguían trabajando como obreros en algunas empresas del estado, todos estaban dedicados a sus vidas.

Después del mediodía, del día que llegó Sixto, salió de Granada rumbo a Costa Rica, buscando su propia vida en la ciudad Puerto de Limón, Costa Rica, nunca más regreso a su tierra natal.

FIN.

Héctor Guillen N.

El pichón que no quería volar

ra mi primer día de trabajo en esta universidad de Managua y luego de indicarme los aspectos más relevantes de las actividades a desarrollar y otras indicaciones generales, me guiaron hasta la oficina donde estaba mi lugar de trabajo. Era una oficina en un 3er, piso donde había 3 escritorios con sus respectivas sillas, cada escritorio estaba pegado a la pared de este cuarto de alrededor de 5 por 5 metros, una puerta de acceso desde el corredor del edificio y un ventanal que abarcaba 2 tercios de una de las paredes.

En ese momento, no había nadie en la oficina, las personas ubicadas en estos espacios de trabajo, estaban impartiendo sus clases o en otros asuntos. Sobre los escritorios había libros de diversas materias, algunos papeles y una computadora de escritorio en cada uno de ellos. La muchacha que me había guiado hasta aquí, me indico que en unos minutos llagaba el técnico de computación para entregarme la maquina con la cual trabajaría de ese momento en adelante y mientras fuese docente de la universidad.

Luego de eso, entro una muchacha encargada de la limpieza y se puso a sacudir y limpiar toda la oficina, eran las 8:00 de la mañana. Pero las actividades docentes iniciaban, a las 7:00am. Mientras la muchacha de la limpieza hacia su labor y la otra muchacha le indicaba algunas cosas que debía hacer en la organización y limpieza de la oficina, me percate de aquella ventana de vidrio se abría empujando las diferentes piezas hacia los lados, de esta manera se deslizaban por unos rieles.

La vista daba a un pequeño patio rectangular, rodeado de otro edificio por el lado norte de la misma altura de donde yo estaba y a los lados este y oeste, estaban las salidas, también había para cada piso, un corredor de enlace con cada edificio, por lo que el pequeño patio parecía estar encerrado. En este espacio había un jardín del que sobresalía un enorme árbol de guayabas, lo había identificado por el penetrante y escandaloso olor de sus frutas, que para esos días estaban madurando y cayendo en este patio. Muchas aves e insectos llegaban a buscar alimento a este lugar.

La pared norte del edificio donde yo estaba y que daba al patio, tenía muchas ventanas del mismo tipo de mi oficina, los otros lados eran corredores. Las ventanas de las oficinas donde estaba la mía, tenían quicios de casi una cuarta de anchos, estos espacios eran aprovechados por las palomas de castilla para hacer sus nidos. Las ventanas de mi oficina daban directamente hacia el oeste, por tanto, el sol daba directamente por la tarde, por lo que los ocupantes de esta oficina habían cubierto de papel los vidrios, para protegerse del sol, pero también había una cortinas viejas y sucias, las que en ese mismo momento cambiaba la joven de la limpieza.

En los quicios de cada ventana de la pared norte, las palomas tenían cubierto de nidos. Algunos ya estaban vacíos, otros tenían pequeños pichones que pasaban llamando a sus progenitores, pidiéndoles alimento y cuidado. Por las mañanas, hasta el mediodía, yo habría las ventanas para deleitarme con el olor sabroso de las guayabas maduras, mientras realizaba las labores previstas de mi trabajo. Pero de vez en cuando, echaba una mirada a la vida que se desarrollaba en el exterior de las ventanas que podía ver desde mi lugar de trabajo.

Una mañana, cuando estaba concentrado en mi trabajo de escritorio y tecleaba frenéticamente con los dedos índices de cada una de mis manos, fui testigo del romance de un par de palomas en una de las ramas del árbol de guayabas. Una de las palomas era blanca con plumas de color café, era la más delicada y la otra, plumas negras, con colores tornasol que se miraban brillar alrededor de su cabeza y cuello, esta parecía ser el macho. Otro día pude ver, como esta pareja de palomas posadas en uno de los espacios vacíos de los quicios de las ventanas, se hacían arrumacos y caricias, entrelazando sus cuellos.

Otro día, ya estaban ocupadas en la construcción frenética de un nido. Hacían viajes constantes de ida y vuelta para llevar pequeñas ramas y otros materiales con los que construían el nido. Al poco tiempo, ya la paloma color café, pasaba tiempo sobre el nido y en pocos días, se observaban 2 pequeños huevos en medio del nido, mientras la paloma se movía para acomodarse. No sé cuántos días transcurrieron desde que estas aves se estaban acariciando y pasaban muy juntitos. Pero muy pronto aquellos huevos eclosionaron y de ellos salieron 2 pajaritos pelones y llorones, casi no podían sostener sus cabezas, pero aquellos padres comenzaron a turnarse en ir y venir, llevando alimentos a las pequeñas aves.

Muy pronto se logró establecer la viveza y fortaleza de uno de aquellos pichones, siempre buscaba como comer más y pasar sobre su hermano para apropiarse del alimento, como consecuencia, este pichón más vivo y oportunista, creció más rápido, se hizo más fuerte, se desarrolló más y con mayor velocidad. Ya se parecía a sus padres, movía sus alas con mucha fortaleza y al poco tiempo, ya estaba listo para volar. Una mañana, amaneció agitando sus alas con mucha fuerza, después de hacer varios minutos de ejercicios, salió del nido y emprendió el vuelo.

Mientras el pichón que casi no se alimentaba, porque su hermano se adelantaba a poner su pico para que el progenitor que llevaba la comida depositaba alimento en el pico que estaba abierto. El que quedó en el nido, fue desarrollándose lentamente, se miraba desnutrido y su desarrollo era lento, pero al estar solo y sin competencia, completó su desarrollo, se puso grande, con plumas grandes, pero a pesar de que ya era tiempo de irse, el pichón no quiso, entonces el padre y luego la madre dejaron de llevar alimento.

Mientras la otra paloma, la de color blanco y café quien parecía ser la madre, siguió llegando a alimentar a su hijo. Pero un par de semanas después, ya estaba cansada de alimentar a un grandulón, la paloma del nido, ya estaba completamente desarrollada. Claro, sin competencia por los alimentos, hasta el más tonto agarra algo, aunque en este caso comía todo lo que su madre le llevaba, había cogido miedo y no quería salir del nido.

Un día lunes después de disfrutar el fin de semana, escucho un escándalo de parte del ave que aún estaba en el nido y al asomarme, veo que otra paloma, fuerte y agresiva, picoteaba al pichón del nido, era su hermano mayor, quien había tomado las riendas de su vida, mientras el otro, solo se quejaba, no quería moverse del nido, sin ánimo y con miedo a emprender acciones, enfrentarse a los peligros que implica vivir, a las dificultades a soportar desgracias, aún estaba en el nido esperando a su mamá para recibir alimento.

Luego de picotear al bebé grandulón y sacarlo del nido literalmente a patadas, empujándolo a más de un metro de distancia, llegó otra paloma y comenzó a anidar, mientras el picho que aún se creía estar en el proceso de crianza, no abandonaba el quicio de la ventana. Luego llegó la madre del pichón y se paró en una de las ramas del árbol de guayaba a ver lo que pasaba, quizás vio el desalojo de su hijo del nido, pero no intervino, el pichón hacía gestos y llamados a su madre, pero ella solo observaba a la distancia.

Parecía que era el otro hijo de ella, quien se había ido del nido desde que pudo volar, ahora llegaba a desalojar a su hermano, el menos desarrollado e inútil. Luego de eso, esta madre ya no se le acercó más, llegaba a verlo y cuando llegaba, el pichón lloraba llamando a su madre, pero esta no se acercaba, al parecer le decía que ya era hora de que se independizara, ya estaba completamente desarrollado, ya su hermano había formado una familia y lo había sacado del nido y ya no le llevaría alimento. Eso es lo que yo me imagino que le decía, pero no se le acercaba.

Mientras en el nido, ya la hembra de su hermano había depositado un par de huevos y él, aún no se decidía volar y buscar como hacer su propia vida. Me acordé de muchos ejemplos que pasan en nuestro país. Son muy similares a lo sucedido a estas palomas. Aun en este caso, los hijos ya tienen 30 años o más y todavía los siguen alimentando y consintiendo, a pesar de ser malcriados, haraganes, no colaboran en sus casas y reclaman como si fueran merecedores de todo, sin hacer nada.

Pasaron algunos días, mientras el pichón pasaba tiempo solo, sin comer y seguramente recibiendo regaños e insultos. Un día, por la mañana observe que el pichón amaneció moviendo sus alas con fuerza, quizás el hambre lo había movilizado y luego de algunos intentos, alzó vuelo para nunca más volver a las ventanas del edificio.

La paloma madre, dejo de llegar también. Meditando en todo aquello me puse a pensar que, también los seres humanos requerimos de incentivos para movernos a hacer algo en favor de nosotros, en ocasiones es el hambre, en otras puede ser cualquier cosa que nos haga sentir incómodos. El problema es que, si alguien interviene ayudándonos con algo para no hacer nada, en vez de ayudarnos a mejor, nos estará, dando razones para seguir en la mala situación.

En ocasiones la esposa, la compañera, la madre nos incomodan con sus reclamos, solo así, nos movemos a buscar, hacer útil para nosotros, algo para movernos hacia el desarrollo de nuestro verdadero potencial y con ello, llegar a ser lo que estamos destinados a ser. Quizás grandes hombres y mujeres autosostenibles, capaces de proveer a sus familias, convertirse en el sostén económico y moral que necesitan los hogares para desarrollar a todos sus miembros, para formar ciudadanos de bien, trabajadores, fieles, capaces de llegar a completar su crecimiento pleno en todas las áreas de la vida.

De esta historia podemos sacar una enseñanza, la naturaleza desea que cada uno de sus criaturas se desarrolle, sea pleno, que utilice todo su potencial para vivir en este mundo tan competitivo. Vivir no es fácil y es más difícil cuando no nos esforzamos por vencer las dificultades diarias. Muchas veces nuestros padres no pueden darnos todo lo que se necesita, pero debemos esforzarnos por nuestra cuenta por vencer las dificultades, ser esforzados y ser valientes, solo así, Dios estará dispuesto a acompañarnos.

FIN.

Una idea mediocre que genere entusiasmo, llegará más lejos que una gran idea que no inspira a nadie.